VOUS INC.

Découvrez le P.-D. G. en vous

Données de catalogage avant publication (Canada)

Hedges, Burke

VOUS INC.: découvrez le p.-d.g. en vous

Traduction de: You, Inc.
Comprend des références bibliographiques

ISBN 2-89225-515-5

1. Leadership. 2. Succès dans les affaires. 3. Actualisation de soi. 4. Changement (Psychologie). I. Titre.

HD57.7.H4214 2003   658.4'092   C2003-9400039-5

Cet ouvrage a été publié en langue anglaise sous le titre original:
YOU, INC., DISCOVER THE C.E.O. WITHIN!
Published by INTI Publishing
Tampa, FL
(813) 881-1638
E-Mail: info@intipub.com
Website: intipublishing.com

Dépôts légaux: 1er trimestre 2003
Bibliothèque nationale du Québec
Bibliothèque nationale du Canada
Bibliothèque nationale de France

Conception graphique de la couverture:
OLIVIER LASSER

Version française:
JEAN-PIERRE MANSEAU

Photocomposition et mise en pages:
COMPOSITION MONIKA, QUÉBEC

ISBN 2-89225-515-5
(Édition originale: 0-9632667-3-X, INTI Publishing, Florida)

Nous reconnaissons l'aide financière du gouvernement du Canada par l'entremise du Programme d'Aide au Développement de l'Industrie de l'Édition pour nos activités d'édition (PADIÉ).

Imprimé au Canada

Burke Hedges

VOUS INC.

Découvrez le P.-D. G. en vous

Les éditions Un monde différent ltée
3925, Grande-Allée
Saint-Hubert (Québec)
Canada J4T 2V8
Tél.: (450) 656-2660
Site Internet: *http://www.umd.ca*
Courriel: *info@umd.ca*

« *Je ne connais pas de fait plus encourageant que l'incontestable capacité de l'homme d'élever sa vie grâce à des efforts conscients.* »

– Henry David Thoreau

Ce livre VOUS est dédié...pour avoir eu la sagesse de comprendre que la porte qui mène aux progrès personnels ne s'ouvre que de l'intérieur.

TABLE DES MATIÈRES

TROISIÈME SECTION

PREMIÈRE SECTION
INTRODUCTION

PENSEZ EN TERMES
DE *VOUS INC.!*

«*Fondamentalement, chacun de nous possède en lui l'essentiel pour réaliser tous les objectifs et les rêves qu'il s'est fixés. Ce qu'il nous manque cependant c'est la formation, l'instruction, le savoir et la connaissance approfondie de soi pour mieux utiliser ce que nous possédons déjà en nous.*»

– Mark Twain

AVANT-PROPOS

Assumez la gestion de votre entreprise et de votre vie!

VOUS INC. est basé sur la prémisse que chacun de nous est le fondateur, le président-directeur général et l'actionnaire à 100 % de notre propre entreprise – *VOUS INC*. Les 10 principes de ce livre vous rendront capables de penser et d'agir comme une société bien dirigée et hautement rentable.

Pourquoi il vous faut penser en termes de *VOUS INC.*!

En apprenant et en mettant en pratique les 10 principes simples inclus dans ce livre, vous acquerrez davantage de valeur dans pratiquement chaque secteur de votre vie. Et, tandis que votre valeur augmentera, vous deviendrez plus sûr de vous dans votre emploi... plus productif dans votre entreprise... plus indispensable aux yeux de votre famille et de vos amis... Et vous vous réaliserez davantage dans votre vie personnelle et professionnelle.

Les 10 principes de *VOUS INC.*

Premier principe: *Acceptez la responsabilité* nous encourage à prendre le contrôle de nos vies en assumant la responsabilité de nos actions... de notre bonheur... de nos succès... de notre santé... et de nos finances.

Deuxième principe: *Osez rêver* nous rappelle que nos rêves sont le plan détaillé de nos succès futurs... et que les gens qui obtiennent les plus grands succès sont toujours les plus grands rêveurs.

Troisième principe: *Le pouvoir de croire* traite de l'importance de remplacer les réflexions ou les pensées relevant du JE NE PEUX PAS (je préfère les appeler des réflexions empoisonnées) par des pensées relevant du JE PEUX.

Quatrième principe: *Le courage d'agir* nous rappelle que de petites actions constantes et régulières peuvent rapporter d'énormes dividendes... et qu'il faut faire preuve d'un courage et d'une discipline quotidienne pour surmonter les deux plus grands ennemis de l'action: la procrastination et les prétextes.

Cinquième principe: *Tout est dans l'attitude* confirme la remarque suivante de W. Clement Stone: «*Il n'y a qu'une petite différence entre les gens mais cette dernière peut en faire une grande. La petite différence réside dans l'attitude. Il reste à savoir si cette attitude est positive ou négative, voilà la grande différence.*»

Sixième principe: *Développez des habitudes productives* traite de l'importance de choisir des habitudes productives qui nous rendront meilleurs au lieu de choisir des habitudes improductives qui nous mènent tout droit vers l'échec.

Septième principe: *Gérez vos émotions* met l'accent sur l'importance d'assumer ce que nous ressentons... et nous rappelle que quand il est question d'émotions, il faut les contrôler, c'est-à-dire les dominer, sinon ce sont vos émotions qui vous domineront et ruineront votre vie.

Huitième principe: *Préparez-vous au succès* met l'accent sur l'importance d'acquérir des connaissances utiles et de perfectionner certaines techniques en lisant des livres... en participant à des séminaires... en écoutant des cassettes... et en vous associant avec des gagnants positifs.

Neuvième principe: *Équilibrez votre vie* explique que pour devenir des êtres humains complets, il nous faut équilibrer les «Cinq F» dans nos vies: la Foi, la Famille, les Fréquentations, la Forme physique et les Finances.

Dixième principe: *Changez... ou subissez le changement* explique que la clé du changement consiste à faire en sorte que le changement joue en notre faveur plutôt que contre nous... et que nous devons changer et grandir consciemment en tant qu'individus si nous voulons vraiment améliorer de façon spectaculaire notre juste valeur marchande.

CE QUE VOUS APPRENDREZ:

Comment accroître votre valeur de façon spectaculaire dans tous les domaines de votre vie.

Comment réaliser d'énormes améliorations grâce à une suite de petites actions.

Comment accroître l'idée que vous avez de vous-même et du monde autour de vous.

Comment découvrir vos avantages cachés... et vous en servir comme d'un levier pour acquérir une incroyable richesse personnelle et financière.

Comment devenir bien plus que tout ce que vous n'avez jamais rêvé.

Comment penser en termes de VOUS INC. et découvrir le P.-D. G. à l'intérieur de vous.

BURKE HEDGES
Auteur, conférencier et entrepreneur

Entrepreneur pendant toute sa vie, Burke possède et dirige plusieurs entreprises qui se développent rapidement dans la région de Tampa Bay.

Il est l'auteur de nombreux livres, incluant le livre à succès à l'échelon national *Who Stole the American Dream?* avec un million d'exemplaires déjà imprimés.

Parlant couramment l'espagnol et l'anglais, Burke se consacre exclusivement à répandre le message de la libre entreprise et du développement personnel par le moyen de livres, de cassettes et d'apparitions en public.

INTRODUCTION

Pensez en termes de VOUS INC. !

> *« Vous n'êtes pas ce que vous pensez être. Mais ce que vous pensez – VOUS L'ÊTES ! »*

— Docteur Norman Vincent Peale

*I*l y a plusieurs années de cela un encanteur vendait aux enchères les biens d'un riche industriel.

Au moment où la vente aux enchères était sur le point de se terminer, l'encanteur fatigué a montré aux gens un vieux violon poussiéreux et décoloré et leur a demandé d'un ton moqueur: «Que m'offrez-vous pour cela? ...100 \$?... Y a-t-il un preneur? ... Ai-je entendu 75 \$ ...50 \$ ...25 \$ ...5 dollars?

« Qui m'offre un dollar ? » a-t-il alors imploré tandis que les rires de l'auditoire résonnaient sur les murs de la salle.

Une faible voix cassante a alors interrompu les rires: *« Excusez-moi. Puis-je prendre quelques instants de votre temps ? »*

Un vieil homme voûté s'est avancé vers l'encanteur en traînant les pieds et a saisi le violon d'une main pâle, aux doigts effilés. Tournant le dos à l'auditoire, le vieil homme a pincé chaque corde et a ajusté en expert les chevilles d'accord. Il s'est ensuite tourné lentement vers l'auditoire, a fait signe aux gens de faire silence ... puis il a placé doucement le violon sous son menton et s'est mis à jouer.

De belles notes claires ont rempli la pièce et l'assistance est restée assise, comme figée par le respect, pendant que le vieil homme leur donnait une sérénade céleste de solo de violon. À la fin du solo, le vieil homme a salué gracieusement l'assistance... a remis le violon à l'encanteur... et a marché lentement vers la porte tandis qu'éclataient de toutes parts des applaudissements spontanés.

L'encanteur tout souriant a brandi le vieux violon et a crié par-dessus le tumulte de la foule : « *Maintenant, que m'offrez-vous pour cet instrument des PLUS EXTRAORDINAIRES ? Mille dollars pour l'homme au chapeau haut de forme... Je viens d'entendre deux mille dollars offerts par cette femme assise à l'avant... Revenons au gentilhomme au chapeau... trois mille dollars, dites-vous ?... Est-ce qu'on m'offre quatre mille dollars ?... Oui, merci ! M'offre-t-on cinq mille ? C'est fait !... Cinq mille une fois... Cinq mille deux fois...VENDU ! Je dois dire qu'à 5 000 $ ce violon finement confectionné est une valeur exceptionnelle !* »

Ce que la «valeur ajoutée» signifie vraiment

Cette histoire dépeint une image bien vivante du concept de la valeur, et comment la maximiser.

Au début de l'histoire, le violon ne valait qu'un dollar tout au plus, mais à la fin de l'histoire, cette valeur avait grimpé d'un étonnant 5 000 pour cent ! Il avait suffi qu'une personne bien informée fasse quelques ajustements mineurs aux cordes pour que la valeur de ce violon, qui semblait ne valoir presque rien, augmente de façon spectaculaire... puis de libérer le plein potentiel de ce violon en le faisant vibrer avec adresse et passion.

Le thème de cette histoire et celui du programme de *VOUS INC.* est le même. C'est-à-dire que la valeur d'un produit, comme le violon... et la valeur d'une personne, comme vous et moi... peuvent augmenter de plus de 100 fois, et même de plus de 1 000 fois en accordant mieux l'instrument.

Un nouveau paradigme dans le développement personnel

VOUS INC. est basé sur la prémisse que vous êtes le fondateur, le président, et l'actionnaire à 100 pour cent de votre propre entreprise – *VOUS, INC.*

En d'autres mots, *VOUS INC.* est une toute nouvelle façon de vous percevoir vous-même pour mieux communiquer avec le monde qui vous entoure. Ce livre est conçu pour vous rendre plus conscient et pour développer votre paradigme personnel afin que vous puissiez «découvrir le P.-D. G. en vous».

Pour résumer, dans le but de faire fructifier le plus possible les talents et les habiletés que nous avons reçus, nous devons nous reprogrammer nous-même pour «penser en termes de *VOUS INC.*!»

Travaillez SUR votre vie et non pas DANS votre vie

Michael Gerber, un conseiller en affaires reconnu à travers le monde, fait la remarque selon laquelle les échecs dans les entreprises ne sont pas attribuables à des forces incontrôlables, comme la concurrence, le manque d'argent ou des employés paresseux.

Selon monsieur Gerber, une entreprise reflète la personne qui la dirige... et c'est pourquoi les propriétaires d'entreprises ont besoin de travailler SUR leur entreprise, et non pas DANS leur entreprise.

Voici textuellement les mots de monsieur Gerber: *«Votre entreprise n'est rien de plus qu'un reflet distinct de ce que vous êtes. Si votre pensée manque de rigueur, votre entreprise en manquera aussi. Si vous êtes désorganisé, alors votre entreprise sera désorganisée. Si vous êtes cupide, les gens autour de vous le seront également. Donc, si votre entreprise doit changer – et cela est nécessaire pour qu'elle soit couronnée de succès – VOUS devez changer.»*

À mon avis, Michael Gerber a raison en ce qui a trait à l'aspect financier. Pour réussir vraiment dans n'importe quel domaine, que ce soit en affaires... ou dans l'art d'être parent... ou dans le rôle d'entraîneur de l'équipe locale de la ligue mineure de base-ball – nous devons travailler SUR nos vies, et non pas À L'INTÉRIEUR de nos vies!

Et c'est de cela, mes amis, dont il est question avec *VOUS INC.* J'ai l'intention dans ce livre de concentrer toute l'attention sur les dix principes fondamentaux qui vous amèneront à prendre le contrôle de votre entreprise et de votre vie!

Laissez-moi vous poser une question: *Si vous pouviez véritablement augmenter votre valeur de façon spectaculaire en comprenant et en mettant en pratique les dix principes simples traités dans ce livre, feriez-vous de ces principes une partie intégrante de votre vie?*

J'espère, bien sûr, que votre réponse à cette question sera OUI, car voilà bien, en résumé, l'objectif de ce livre. Les dix principes décrits dans ce programme vous rendront plus apte à acquérir plus de valeur dans pratiquement chaque phase de votre vie. Et, à mesure que votre valeur augmentera, vous deviendrez plus sûr de vous dans votre emploi... plus productif dans votre entreprise... plus indispensable aux yeux de votre famille et de vos amis... en somme, vous serez plus heureux et vous vous réaliserez davantage dans votre vie personnelle et professionnelle.

Pourquoi maintenant plus que jamais?

Nous vivons et travaillons dans l'ère la plus excitante de l'histoire du monde – l'ère de l'information – une ère d'incertitudes et de changements sans précédent amenés par des percées technologiques s'apparentant à de la science-fiction... une époque d'opportunités formidables, presque inimaginables... mais également une ère de licenciements massifs, de concurrence mondiale et de carrières exportables ou transférables dans d'autres pays.

Voilà pourquoi il est urgent aujourd'hui, plus que jamais dans l'histoire de notre pays, de commencer à se percevoir soi-même comme une entreprise indépendante et autosuffisante, et de se mettre à prendre nos décisions en conséquence!

Diplômé du collège de la dure réalité

On me demande souvent pourquoi j'ai choisi le titre *VOUS INC.* Ma réponse est que *VOUS INC.* est une nouvelle façon de penser et d'agir. Cela représente presque 10 ans à lire des biographies et des livres sur le développement personnel... à rechercher et à recueillir des informations... à faire passer des entretiens à des femmes et à des hommes d'affaires qui ont réussi... à participer à des séminaires... à écouter littéralement des centaines de cassettes audio produites par les plus grands pédagogues et «motivateurs» du monde entier... et finalement, cela représente environ 10 ans de mon existence à mettre à profit mes propres expériences dans le domaine des affaires et dans ma vie personnelle – à la fois mes succès et bien sûr... mes échecs.

Et croyez-moi, j'ai eu ma part d'échecs. Je suis parvenu à obtenir un diplôme en justice pénale, mais cela m'a pris cinq ans et il m'a fallu passer par deux collèges pour finalement y arriver. Eh bien, je dois vous dire que je n'ai pas révolutionné le monde à cette époque! Je n'ai pas voulu me diriger dans le domaine de la répression de la criminalité, ce qui signifiait que mon diplôme, dispendieux et difficilement mérité, était fondamentalement inutile.

Étant donné que ma mère insistait, je me suis inscrit pour passer des tests afin de devenir expert en sinistres pour *Allstate*. À son grand étonnement, j'ai échoué ces tests! Incroyable, n'est-ce pas? Moi, avec mon diplôme en poche, je n'avais même pas pu réussir une épreuve afin de me qualifier pour un poste dont la rémunération s'élevait à moins de 20 000 dollars par année. Quelle dégringolade!

J'ai finalement trouvé un boulot comme constructeur de bateaux à Sarasota, en Floride, gagnant 5, 65 $ de l'heure. Un an plus tard, j'ai quitté cet emploi pour un autre dans la vente à la commission de téléphones cellulaires.

Après avoir vendu des téléphones pendant un an, j'ai décidé de créer ma propre entreprise. La bonne nouvelle est que j'ai fait un million de dollars au cours de ma première année en affaires! La mauvaise nouvelle est que ça m'a coûté un million deux cent mille dollars pour y parvenir! J'en étais donc réduit à cela à l'âge de 25 ans: j'avais une épouse et un jeune fils... *et j'étais endetté de 200 000 dollars!*

Je n'essaierai pas de vous convaincre que ces premiers échecs ne m'ont pas fait mal. J'étais terrassé! Mais comme dit le vieil adage: *« Il n'y a pas d'arc-en-ciel sans pluie. »* Ces premiers revers de fortune m'ont vraiment mis des bâtons dans les roues, mais j'en ai tiré de grandes leçons et, à la longue, ces premiers échecs ont changé ma vie pour le mieux... pour toujours... car ils m'ont forcé à changer et à grandir en tant que personne.

Pourquoi les étudiants du groupe « A » travaillent-ils pour les étudiants du groupe « C » ?

Je vous raconte mon histoire car je veux que vous sachiez que Burke Hedges est une personne de qualité très moyenne. Je n'étais pas un jeune prodige comme Bill Gates, qui a abandonné ses études à Harvard parce qu'il était trop occupé à gagner son premier million. J'ai toujours été un étudiant obtenant le plus souvent la note C (médiocre), ayant à travailler dur pour obtenir un B (assez bien).

Mais je croyais en moi-même... je croyais qu'en m'améliorant ma vie s'améliorerait aussi... et je croyais que ce pays regorgeait d'opportunités.

> « *Commencement de la sagesse: acquiers la sagesse; et, au prix de tout ce que tu possèdes, acquiers l'intelligence !* »
> – (Proverbes 4, 7)

En développant *VOUS INC.*, je tentais de trouver la réponse à ce phénomène que nous avons tous observé: Comment se fait-il que la personne qui avait les meilleures notes en algèbre au secondaire travaille maintenant dans l'équipe de nuit au bureau de poste... tandis que celui qui s'est fait recaler en algèbre dirige désormais une compagnie d'assurance prospère et possède une maison sur la plage ?

Arrêtez-vous quelques instants et réfléchissez à ceci: Comment se fait-il que certaines personnes d'origines très modestes, comme Abraham Lincoln, par exemple, ont accompli autant de choses... tandis que d'autres gens nés avec tous les avantages possibles avancent péniblement dans la vie ?

Je parlais récemment à mon avocat de ce même phénomène selon lequel les étudiants qui obtiennent des mentions « très bien », c'est-à-dire des « A » à l'école, ne sont pas toujours les personnes qui réussissent le mieux dans la vie. Il a souri et m'a dit: *« Burke, nous avions un adage quand nous étions à la faculté de droit: "Les étudiants qui obtiennent des A deviennent des professeurs de droit. Les étudiants qui obtiennent des B deviennent des juges. Et les étudiants qui obtiennent des C font de l'argent en travaillant pour les étudiants qui obtiennent des D." »*

N'est-ce pas une remarque fascinante?

Eh bien, si l'intelligence n'est pas la clef de la réussite, quelle est donc cette clef? Mon ami, je vais partager avec vous la réponse à cette question tout au long de ce livre.

L'intelligence intellectuelle par opposition à l'intelligence émotive

La science a prouvé que notre intelligence intellectuelle – notre quotient intellectuel, comme on l'appelle – est à peu près établi dès la naissance. Peu importe toutes les études que vous ferez, quel que soit votre niveau de motivation, vous ne pourrez augmenter votre QI que de quelques points.

La réalité est que les étudiants qui obtiennent des A à la faculté de droit ont des quotients intellectuels vraiment élevés. Alors pourquoi donc, le plus souvent, les «étudiants qui obtiennent des C font de l'argent en travaillant pour les étudiants qui obtiennent des D?»

> **«La porte qui mène aux progrès personnels ne s'ouvre que de l'intérieur.»**
> **– Burke Hedges**

Des études récentes ont démontré que le QI n'est responsable que de 20 % de notre réussite dans la vie. L'autre 80 % de ce que nous accomplissons peut être attribué à notre INTELLIGENCE ÉMOTIVE.

Les postes dans la gestion et la vente, par exemple, reposent la plupart du temps sur l'intelligence émotive. Une union heureuse dépend de l'intelligence émotive. Être un bon parent... un bon citoyen... un bon employé... un entrepreneur prospère... tout cela dépend de votre intelligence émotive.

Voici maintenant la nouvelle la plus excitante qui soit pour chacun de nous: notre quotient émotif, à la différence de notre quotient intellectuel, peut être amélioré n'importe quand au cours de notre vie. Ce qui signifie que nous pouvons contrôler 80 % de nos réalisations. Tout comme la valeur du violon – dans l'histoire du début – a grimpé de façon spectaculaire rien qu'en l'accordant, de même votre propre valeur marchande peut augmenter de façon spectaculaire en accordant simplement votre quotient émotif avec les dix principes traités dans ce livre.

Cherchez à comprendre

Mon objectif principal dans le programme *VOUS INC.* est d'élever votre niveau de conscience... afin de vous aider *à mieux comprendre* ce dont vous avez besoin pour accroître votre juste valeur marchande. La Bible l'exprime de cette façon : *« Acquiers la sagesse et, au prix de tout ce que tu possèdes, acquiers l'intelligence. »* Acquérir l'intelligence, voilà ce que je voudrais que chaque lecteur accomplisse.

VOUS INC. est conçu pour vous aider à apprendre, à comprendre et à régler avec précision les principes clés qui peuvent stimuler votre quotient émotif (et vous faire obtenir cette promotion tant méritée), en améliorant vos compétences personnelles, lesquelles en contrepartie VOUS rendront meilleur !

Il va sans dire que si vous devenez meilleur, votre emploi ou votre entreprise s'améliorera.

Ne va-t-il pas de soi que si vous devenez meilleur, votre mariage s'améliorera ? Que si vous devenez meilleur, vous vous améliorerez dans votre rôle de parent ? Que si vous devenez meilleur, vos relations s'amélioreront ?

N'est-ce pas logique de dire que si vous devenez meilleur, chaque partie de votre vie s'améliorera ? Car au bout du compte, la seule chose dont vous avez le contrôle total dans votre vie ce sont les choix que VOUS faites, n'est-il pas vrai ?

Choisir de changer

J'aimerais vous raconter une histoire vraie au sujet de deux personnes qui ont commencé à travailler exactement au *même endroit*... mais qui se sont retrouvées plus tard dans *deux endroits très différents* à cause des choix que chacune de ces personnes a faits.

L'histoire commence par un frais matin d'automne au moment où je roulais vers Sarasota, en Floride, dans le but d'y rencontrer un distributeur de livres pour que nos livres soient disponibles dans des librairies à travers le pays. Après la rencontre, j'ai décidé de faire un tour à mon ancien lieu de travail, la *Dynasty Boat Corporation*.

À ma grande surprise, presque dix ans après mon départ, deux des gars avec lesquels j'avais l'habitude de travailler s'y trouvaient encore! J'étais ravi de les revoir et nous avons échangé des histoires à propos du bon vieux temps.

Alors que j'étais sur le point de m'en aller, l'un des gars, Bob, est sorti de la coque d'un bateau de neuf mètres et m'a demandé ce que je faisais maintenant. Je lui ai dit que j'avais lancé deux entreprises et écrit quelques livres. *« Ne bouge pas »*, ai-je dit. *« Je crois que j'ai quelques livres dans l'auto. Attends une seconde et je vais t'en donner un. »*

En me dirigeant vers l'auto, j'ai entendu Bob me crier: *« Oublie le livre. Si tu veux m'offrir quelque chose, apporte-moi une caisse de 12 bières! »*

Tous ont éclaté de rire et les collègues de travail de Bob ont tous convenu qu'une bière fraîche surpasse un grand livre à tous coups. J'ai fait mes salutations au reste de l'équipe et je me suis dirigé vers mon véhicule.

Sur le chemin du retour, je n'arrêtais pas de penser au fait que Bob et moi étions maintenant dans deux endroits très différents même si nous avions commencé à travailler au même endroit, côte à côte, en sueur, dans la coque d'un bateau, avec une meule dans les mains.

Dix ans plus tard, Bob continuait encore de grogner et de suer pour huit dollars de l'heure. Au cours d'une bonne année, avec beaucoup d'heures supplémentaires, il se peut qu'il gagne 18 000 $. Je me rends bien compte que pour beaucoup de gens 18 000 $ par année représentent un salaire décent. Mais j'ai fait un choix quand je travaillais côte à côte avec Bob, celui d'améliorer mon *VOUS INC...*

J'ai choisi d'améliorer de façon spectaculaire ma juste valeur marchande afin de pouvoir gagner beaucoup plus d'argent en faisant quelque chose que j'aime, au lieu d'accepter 18 000 $ par année pour faire quelque chose que je déteste! Par suite de mon choix d'accroître ma juste valeur marchande en grandissant en tant que personne, j'ai souvent gagné 18 000 $ en une seule journée! Tout cela parce que j'ai fait un choix.

Un livre peut changer votre vie

Cela saute aux yeux pourquoi Bob et moi nous nous sommes retrouvés dans deux endroits très différents. Et ma visite à la *Dynasty Boat Corporation* m'a rappelé une vérité simple mais profonde: «*La porte qui mène aux progrès personnels ne s'ouvre que de l'intérieur.* »

Voyez-vous, je sais par expérience à quel point un livre peut changer la vie de quelqu'un. Quand je n'avais que 23 ans, ma belle-sœur, Susan, m'a donné un exemplaire du livre *Le plus grand vendeur du monde*[1] d'Og Mandino. Au lieu de mettre le livre de côté et de me servir une bière, je l'ai lu. J'ai fait le choix conscient d'ouvrir la porte qui mène aux progrès personnels! J'ai fait le choix conscient de me rendre meilleur en TROUVANT DES RAISONS d'accroître ma valeur, au lieu de TROUVER DES RAISONS DE NE PAS LE FAIRE.

Et cela, mon ami, a complètement changé ma vie. *Le plus grand vendeur du monde* a été la première étape dans l'élargissement de mes horizons, de la coque d'un bateau à un océan d'opportunités accessibles aujourd'hui en Amérique.

À présent, certains parmi vous se demandent peut-être si les principes de *VOUS INC.* peuvent vraiment marcher pour les gens moyens.

Pas pour les super talentueux.
Pas pour les super riches.

---

1.   Publié aux éditions Un monde différent sous format de livre et de cassettes audio.

Pas pour les super beaux.

Mais seulement pour les Jean et Johanne moyens.

En fin de compte, ce que veut savoir chaque personne qui lit ce livre est: EST-CE QUE CES PRINCIPES PEUVENT MARCHER POUR MOI?

Valeur ajoutée égale revenus ajoutés

La meilleure façon pour vous de répondre à cette question est d'écouter l'histoire d'un individu moyen ayant un emploi moyen. Son nom est Walter. Son travail consiste à conduire un taxi dans la ville de New York. Ce genre d'emploi se situe-t-il dans la moyenne à vos yeux? Eh bien, écoutez donc ce qui est arrivé à Walter, le chauffeur de taxi, quand il a découvert le P.-D. G. sommeillant en lui-même à force de réfléchir et d'agir en termes de *VOUS INC.* – au lieu de penser et d'agir comme n'importe quel autre chauffeur de taxi dans une ville remplie de chauffeurs de taxis.

Soit dit en passant, l'histoire de Walter, le chauffeur de taxi, m'a été racontée par Harvey McKay, l'auteur de *Nager avec les requins sans se faire manger tout cru!* Aussitôt que monsieur McKay m'a raconté l'histoire de Walter, j'ai été absolument renversé, car son histoire prouvait que le concept de *VOUS INC.* se porte bien et se trouve même dans le siège d'un chauffeur de taxi qui arpente les rues de Manhattan.

Laissez-moi introduire cette histoire en vous rappelant que s'il vous arrive de voyager, surtout dans des grandes villes comme New York, vous n'avez probablement pas beaucoup de choses positives à dire au sujet d'une promenade typique en taxi.

Une promenade typique en taxi

La promenade typique en taxi ressemble d'après moi à ce qui suit: Le chauffeur est un être bourru qui ne s'est pas rasé depuis deux jours. On dirait que le taxi n'a pas été lavé depuis qu'il est sorti de la chaîne de montage cinq ans plus tôt. L'intérieur empeste la fumée... et, plus souvent qu'autrement, le chauffeur a une

> *«Pourquoi donc alors tant de gens qui pourraient ÊTRE tellement plus... et AVOIR tellement plus... choisissent-ils de se contenter de moins?»*
> — **Burke Hedges**

cigarette allumée accrochée à ses lèvres tandis qu'il balance vos valises dans un coffre crasseux.

Et c'est à ce moment-là que la situation dégénère vraiment. Le chauffeur arrête la circulation avec un geste de la main et traverse trois voies, en hurlant des injures aux conducteurs qui ont le courage de le klaxonner. Il zigzague constamment à travers la circulation... il colle les autos de très près chaque fois qu'il en a l'occasion... il n'utilise jamais ses clignotants... et il profère des jurons à voix très basse tandis qu'il évite les uns après les autres des accidents qui pourraient s'avérer mortels.

Est-ce que cette course en taxi vous rappelle quelque chose? Malheureusement, cela semble être presque la norme quand il s'agit de courses en taxi. Quand je m'installe sur le siège arrière d'un taxi, disons que je ne m'attends pas particulièrement à apprécier le voyage. À vrai dire, mon objectif premier est de me rendre à ma destination en un seul morceau.

Laissez-moi vous poser cette question: Où donc est-il écrit qu'une course en taxi est une expérience que nous devons *endurer* plutôt que d'y *prendre plaisir?* Récompenseriez-vous un chauffeur de taxi qui augmenterait sa juste valeur marchande en se donnant la peine d'être agréable avec vous et qui ferait en sorte que vous viviez une aventure des plus charmantes dans son taxi? Personnellement, je le ferais certainement! Voici la version de Harvey McKay au sujet de la charmante expérience qu'il a vécue avec Walter, le chauffeur de taxi.

VOUS INC. en action

Monsieur McKay venait de quitter un hôtel de Manhattan pour se rendre à l'aéroport *La Guardia* quand il s'est engouffré sur le siège arrière du taxi de Walter. Soit dit en passant, ce taxi ressemblait à n'importe quel autre taxi de New York, à part le fait qu'il n'était pas bosselé et qu'il était fraîchement lavé et ciré. Donc, Harvey McKay était assis dans un taxi stationné en face d'un hôtel de Manhattan, et il attendait que le véhicule se mette en route vers l'aéroport quand Walter lui a tendu une feuille de papier sur laquelle était imprimé le message suivant: «*Bonjour, mon prénom est Walter et je suis votre chauffeur. Soyez assuré que je vais vous amener à votre destination en toute sécurité, avec confort et à temps. Si je peux faire quelque chose pour rendre la course plus agréable, je vous prie de me le faire savoir et j'acquiescerai avec joie.*»

Bien sûr, monsieur McKay fut surpris, c'est le moins que l'on puisse dire. Il a pensé en lui-même qu'il avait pris des milliers de taxis... avec des milliers de chauffeurs différents, et que c'était la première fois qu'un chauffeur lui remettait un énoncé de mission sur papier!

Puis, Walter s'est retourné poliment vers Harvey McKay, tenant deux quotidiens à la main et lui a demandé: «*Préféreriez-vous le* New York Times *ou le* Post *d'aujourd'hui?*»

Un monsieur McKay quelque peu soupçonneux a alors demandé: «*Combien?*» Walter a répliqué: «*C'est gratuit, monsieur.*» À présent, Harvey McKay commençait à être passablement impressionné par Walter, le chauffeur de taxi, et il a pris le temps d'examiner plus attentivement l'intérieur du taxi.

Monsieur McKay a remarqué que le taxi était d'une propreté irréprochable. Il n'y avait pas d'odeur viciée de tabac dans le taxi de Walter – rien que l'odeur agréable et discrète d'un shampooing pour tapis et d'un léger désodorisant. Harvey McKay a remarqué que Walter était rasé de près. Il portait une chemise blanche amidonnée, une cravate et un blazer bleu classique. Plus le temps passait et plus monsieur McKay était impressionné.

«*Excusez-moi, monsieur*», dit Walter poliment. «*Je capte plusieurs stations de radio que vous aimeriez peut-être écouter. Préféreriez-vous de la musique populaire, du rock ou du classique? Ou, si vous le souhaitez, j'ai une grande variété de disques compacts.*»

À ce moment-ci de l'histoire, Harvey Mackay était véritablement en état de choc. Il se trouvait là, assis dans un taxi new-yorkais, à recevoir le même service chaleureux de première classe qu'il avait reçu dans l'hôtel cinq étoiles qu'il venait de quitter. Le taxi de Walter c'était comme d'avoir le service aux chambres sur roues.

« Excusez-moi de vous interrompre, monsieur », dit Walter avec douceur. *« Mais je me demandais si vous seriez intéressé par une collation santé? »* Walter a alors présenté un panier de fruits rempli jusqu'au bord de pommes rouges mûres, d'oranges, de bananes, d'un assortiment de fromages à faible teneur en gras, de biscuits secs et de petits gâteaux.

Harvey McKay parle ensuite de tous les autres extras que Walter lui a offerts pendant cette course de trente minutes jusqu'à l'aéroport. Monsieur McKay termine son histoire en disant qu'il a tellement apprécié l'expérience qu'il a donné à Walter un pourboire assez élevé. À vrai dire, en parlant avec Walter, monsieur McKay a appris qu'il n'était pas la seule personne à penser que Walter méritait un gros pourboire. Selon monsieur McKay, Walter gagne de 12 à 14 000 $ SUPPLÉMENTAIRES, CHAQUE ANNÉE, EN POURBOIRES!

Mettre en pratique les 10 principes

Quand on y réfléchit, ce qui est étonnant ce n'est pas que Walter se soit donné autant de mal pour s'assurer que ses clients prennent plaisir à leur trajet en taxi. Ce qui est prodigieux c'est que le service exceptionnel de Walter est si rare que les gens en sont stupéfaits – et même des voyageurs expérimentés comme Harvey McKay! En réalité, Walter n'a fait que prendre conscience qu'il était le fondateur, le président et l'actionnaire à 100 % de *Walter Inc...* et d'agir en conséquence.

Walter a fait augmenter de 33 à 50 % la valeur d'un emploi mal rémunéré et d'un statut inférieur, rien qu'en comprenant instinctivement... la gestion fine... et le fait de mettre en application les principes simples que je vais partager avec vous dans les pages qui vont suivre.

Par exemple, *il a accepté* la responsabilité de son succès... *il a rêvé et planifié* une meilleure façon, plus productive et plus lucrative de fournir ses services... *il a cru* qu'il pouvait offrir certains services qui feraient accroître sa propre valeur... *il a donné suite à ses rêves* en mettant ses idées en pratique, plutôt que de simplement en parler... *il a élevé son attitude*, et ce faisant, il a élevé l'attitude de tous ceux qui entrent dans son taxi... *il a développé des habitudes productives* qui sont devenues pour lui aussi naturelles que le fait de respirer... *il s'est préparé à réaliser plus de choses* dans sa vie grâce à l'observation... la recherche... et l'empathie... Et finalement, *il a choisi de changer*, de transformer un chauffeur de taxi sans rien de particulier en un chauffeur de taxi extraordinaire !

Le pouvoir du choix

J'aime cette histoire car elle est le parfait exemple pour expliquer comment une personne peut choisir l'excellence au lieu de la médiocrité – et en bénéficier par la même occasion !

La ville de New York regorge de chauffeurs de taxis médiocres... gagnant des revenus médiocres... menant des vies médiocres. Puis, Walter apparaît pour nous rappeler que les gens moyens, dans des emplois moyens, n'ont pas à se contenter de la médiocrité.

Nous pouvons choisir de grandir.
Nous pouvons choisir de comprendre.
Nous pouvons choisir de nous améliorer.
Nous pouvons choisir de changer.

Et en faisant cela, nous choisissons de transformer nos vies, d'ordinaires qu'elles étaient... en des vies extraordinaires.

Vous et moi savons que n'importe quel chauffeur de taxi aurait pu faire les genres de choix que Walter a faits. Je sais sans l'ombre d'un doute que chaque portier... chaque policier... chaque courtier en valeurs mobilières... chaque retraité... chaque homme et chaque femme dans n'importe quelle ville du monde... pourrait faire les genres de choix que Walter a faits.

Pourquoi donc alors tant de gens qui pourraient ÊTRE tellement plus... et AVOIR tellement plus... choisissent-ils de se contenter de moins ? Pourquoi donc tant de gens ne sont disposés qu'à faire juste semblant ?... à regarder la tasse de la vie comme si elle était à moitié vide au lieu d'à moitié pleine... et à rouler dans la vie avec le pied sur le frein?

La réponse à ces questions, je suis bien forcé d'y croire, n'est pas que les gens sont stupides, ou désavantagés, ou sans talent. Je pense que la réponse est que bien trop de gens manquent de sagesse et de compréhension quant à la façon d'accroître leur valeur et d'améliorer leurs vies.

Il me faut croire que si plus de gens comprenaient – je veux dire, comprenaient vraiment et véritablement – comment accroître leur valeur... si davantage de gens comprenaient vraiment et véritablement les principes qui mènent à l'excellence, et ce qui peut arriver à leurs vies quand ils mettent en pratique ces principes de la réussite éprouvés par le temps... notre monde subirait une transformation magique.

VOUS INC. est basé sur des principes d'affaires fiables

À première vue, il peut sembler que les dix principes dont je vais vous parler soient sans rapport avec le monde des affaires. Au contraire, toutes les entreprises prospères incarnent tous ces principes.

Par exemple, toute entreprise prospère ne commence-t-elle pas par un rêve? Le mot «attitude» n'est-il pas synonyme de l'image ou de la marque d'une entreprise? Les entreprises ne préparent-elles pas leur propre réussite en investissant dans la recherche et le développement... et en formant leurs employés? Les sociétés ne réagissent-elles pas au changement avec de nouveaux produits et des stratégies de commercialisation?

Je n'insisterai jamais assez sur le fait que ce programme se fonde sur des vérités fondamentales, universelles qui s'appliquent tout aussi bien à n'importe quelle entreprise, que ce soit une société prise isolément... ou une entreprise *Fortune 500*. Pour résumer, les principes contenus dans *VOUS INC.* vous rendront capable de travailler SUR votre vie, et non pas DANS votre vie!

Se conquérir soi-même

Sir Edmund Hillary, le premier homme à avoir grimpé jusqu'au sommet du mont Everest, comprenait aussi bien que n'importe qui l'importance des progrès personnels. Il disait, et je le cite: *« Ce ne sont pas les montagnes que nous conquérons, mais nous-mêmes. »*

Personne n'a jamais dit que le fait de conquérir les sommets de hautes montagnes était facile. De même, personne n'a jamais affirmé que le fait de se conquérir soi-même par le moyen de la croissance personnelle pourrait s'avérer facile. Mais je vous dirai ceci:quels que soient les obstacles à surmonter, les sacrifices à consentir au cours de toute une vie, cela vaut la peine de faire l'effort de se conquérir soi-même.

N'oubliez jamais: Le prix que vous paierez pour avoir choisi de vivre une existence médiocre est bien plus élevé que celui que vous paierez pour jouir de la réussite, de la prospérité et du bonheur.

Tout au long de ce livre, je vais partager avec vous des informations très précieuses, des informations qui ont le pouvoir de changer votre vie de façon spectaculaire!

Ce que vous choisirez de faire de ces informations ne dépend que de vous. Cependant, je peux vous garantir ceci: Si vous vous engagez à comprendre pleinement ces principes... et à en faire une partie intégrante de votre vie quotidienne, votre valeur comme celle du violon dans l'histoire du début MONTERA EN FLÈCHE.

DEUXIÈME SECTION

DIX PRINCIPES SIMPLES POUR ACCROÎTRE DE FAÇON SPECTACULAIRE VOTRE JUSTE VALEUR MARCHANDE

« Une armée de principes va pénétrer là où une armée de soldats n'y parviendra pas... et elle conquerra ! »

— Thomas Paine, citation tirée de *Le Sens commun*

PREMIER PRINCIPE:

Acceptez la responsabilité

> *« Vous ne pouvez pas échapper à vos responsabilités de demain en les évitant aujourd'hui. »*
>
> — Abraham Lincoln

Je suis assis en train d'examiner deux articles très différents dans la même édition de mon journal local. Voyons si vous pouvez dire lequel de ces articles me réchauffe le cœur... et lequel me fait bouillir d'impatience!

Le premier article est écrit par une chroniqueuse du *Tampa Tribune* qui a décidé de ne plus prendre de résolutions à l'occasion du nouvel an car de toute façon on finit toujours par n'en tenir aucune.

Son raisonnement est le suivant: vous vous faites à vous-même des tas de promesses, comme celle d'arrêter de fumer. Puis vous ne respectez pas ces engagements et vous vous en sentez coupable. Étant donné que le sentiment de culpabilité vous met dans une humeur de chien, à quoi cela sert-il donc de prendre des résolutions?

Voici sa solution. C'est ce qu'elle a écrit mot pour mot: *« Il existe une solution simple pour éviter tout cela et pour conserver une excellente opinion de vous-même tout en tenant la culpabilité en échec. Ne prenez pas de résolutions. »*

Eh bien, c'est la même chroniqueuse entre deux âges qui se plaint toujours de ne pas être capable d'arrêter de fumer. C'est la même chroniqueuse qui semble avoir au moins 20 kilos d'embon-point.

Le fondateur du mouvement de la forme physique

L'autre article a pour sujet un homme dont le nom est Ken Cooper. Voici ce que le journal révélait en ce qui a trait à l'étonnante vie de Ken Cooper.

Quand monsieur Cooper avait 29 ans, il a accepté une invitation pour faire du ski nautique. Ayant été un athlète super doué à l'école secondaire, Ken Cooper s'est imaginé qu'il avait la même forme physique que 10 ans auparavant.

Il ne subsistait qu'un seul problème. Pendant ces 10 années, il avait étudié dans un collège puis en médecine. À cause de son programme très chargé, il n'avait pas pris le temps de s'entraîner ou de s'alimenter convenablement. Son poids santé de 75 kilos d'il y a 10 ans dépassait maintenant les 100 kilos.

Bien que n'étant aucunement en forme, Ken Cooper s'est élancé sur le parcours du slalom comme il avait l'habitude de le faire à l'école secondaire. Mais son corps, flasque et faible à cause de l'inactivité, n'a pas résisté à l'épreuve. Il est parvenu tout juste à rejoindre la plage... *puis il s'est effondré!*

La nausée l'a submergé. Son cœur martelait à 250 battements par minute! Dans ses propres mots: *«J'étais terrifié. Je pensais que j'allais mourir.»*

> **«Notre responsabilité sur cette terre est d'exercer nos dons et nos talents au maximum, et de nous occuper de tous les actifs que Dieu nous a donnés, incluant nos corps.»**
> **– Docteur Ken Cooper**

Cet épisode a représenté un moment critique dans la vie de Ken Cooper. Il s'est mis à courir... à surveiller son alimentation. Six mois plus tard, il avait perdu 15 kilos et sa tension artérielle est revenue à la normale. Trente ans après cet incident, monsieur

Cooper pèse toujours 75 kilos et est en meilleure forme physique que la plupart des hommes qui ont la moitié de son âge!

Voyez-vous, Ken Cooper est devenu le docteur Ken Cooper, l'homme qui a créé le mot «aérobic» et qui a aidé à lancer la révolution de la forme physique au début des années 1960. Il est l'auteur de plusieurs livres sur la forme physique et il a fondé le *Centre de recherches Cooper* en aérobic, à Dallas. Sa philosophie peut se résumer dans ces quelques lignes tirées de son plus récent livre, *It's Better to Believe (Il est préférable de croire)*.

«Notre responsabilité sur cette terre est d'exercer nos dons et nos talents au maximum, et de nous occuper de tous les actifs que Dieu nous a donnés, incluant nos corps.»

Accepter la responsabilité plutôt que d'adopter la solution facile

Je vous demande maintenant lequel de ces deux individus préféreriez-vous être? Actif et en pleine forme dans la cinquantaine comme le docteur Ken Cooper... ou inactive et ayant de l'embonpoint comme la chroniqueuse dépendante de la cigarette?

Je vous parle de ces deux personnes car elles ont des approches opposées en ce qui a trait aux concepts de la responsabilité. L'une d'elles a assumé sa responsabilité pour sa santé... tandis que l'autre a adopté la solution facile en se trouvant des excuses pour ne pas prendre ses responsabilités à propos de sa santé.

Je sais pour l'avoir vécu ce que cela signifie d'accepter la responsabilité de sa propre santé. Voyez-vous, pendant environ dix ans j'ai fumé des cigarettes et j'ai eu à faire face à un problème de poids pendant toute ma vie. À vrai dire, je pesais plus de 110 kilos à une certaine époque tout en ne mesurant que 1,77 mètre.

Je jure que dans ma vingtaine je ressemblais à l'acteur rondelet qui jouait Cannon à la télé. La vérité est que j'avais l'air d'un boulet de canon! Aujourd'hui, je suis fier de dire que je suis libéré de la cigarette et que j'ai gardé mon poids sous contrôle.

Imaginez donc où en serais-je si j'avais adopté le même point de vue que la chroniqueuse. J'en serais encore à invoquer de mauvaises excuses plutôt que d'effectuer les changements nécessaires dans ma vie. Je fumerais toujours des cigarettes... et je ressemblerais encore plus au bonhomme *Pillsbury*[1]. Mais j'étais suffisamment sensé pour accomplir ce que le docteur Ken Cooper avait fait: J'AI ASSUMÉ LA RESPONSABILITÉ DE MA VIE!

Je n'ai pas cherché d'excuses. Je n'ai pas blâmé *McDonald's* de faire des hamburgers et des frites riches en matières grasses; je n'ai pas reproché à *Phillip Morris* de m'avoir séduit avec leurs annonces publicitaires habiles qui m'ont incité à fumer. Aucunement! J'ai fait ce que n'importe quelle personne responsable ferait: Je me suis engagé à améliorer ma santé en cessant de fumer et en perdant du poids. Et croyez-moi, je ne me suis jamais senti aussi bien de ma vie!

La véritable signification de la responsabilité

Prenons quelques instants pour parler de la responsabilité. Ce qu'elle est et pourquoi elle est si importante dans nos existences. Le dictionnaire définit la responsabilité comme le fait «d'assumer volontiers ses obligations ou ses devoirs».

Cela décrit passablement bien ce que représente la responsabilité. Mais une définition qui me semble encore meilleure est la déclaration souvent citée du président Harry Truman: «LA RESPONSABILITÉ COMMENCE ICI!»

Le président Truman faisait référence, bien sûr, au passe-temps des politiciens élus de notre pays, qui jettent constamment le blâme sur quelqu'un d'autre... qui refilent toujours la responsabilité aux autres.

«Eh bien, envoie-les en enfer, Harry», lui disait-on, et Harry comme on avait coutume de le surnommer, n'avait pas peur d'engager sa propre responsabilité. Il savait que chaque personne est

---

1. Petit bonhomme particulièrement dodu dont le corps est constitué d'une pâte conçue par *Pillsbury* avec laquelle on fait des biscuits qu'on met ensuite à cuire au four.

responsable de ce qu'elle est et de ce qu'elle peut devenir... et cela l'incluait aussi.

Voyez-vous, je comprends le point de vue de la chroniqueuse, mais cela ne veut pas dire qu'il me faut être d'accord avec elle. Comme je l'ai dit précédemment, elle a adopté la solution la plus facile en tournant le dos à sa propre responsabilité, car il est beaucoup plus facile d'éviter ses responsabilités que de les assumer. Elle a tourné le dos à ses responsabilités parce qu'il est beaucoup plus facile de refiler la responsabilité aux autres que de se lever et de proclamer: «LA RESPONSABILITÉ COMMENCE ICI!»

«Ce n'est pas ma faute, papa!»

J'ai quatre merveilleux enfants, trois gars et une fille, qui ont moins de 10 ans. Ce qu'il y a d'étonnant au sujet de mes enfants est qu'ils ont tous la même réponse quand l'un d'eux s'attire des ennuis: «CE N'EST PAS MA FAUTE, PAPA!» Voyez-vous, avec quatre enfants pleins de vie à la maison, certaines choses vont de travers de temps à autre: ils abandonnent des jouets sous la pluie... ils oublient leur casse-croûte dans la cuisine... ils laissent dans leur casier à l'école le devoir qu'ils ont à faire le soir même. Vous voyez ce que je veux dire!

Quand mon épouse Debbie et moi demandons aux enfants ce qui ne va pas, ils répondent habituellement: «CE N'EST PAS MA FAUTE.» Disons que je peux concevoir qu'un enfant réponde: «CE N'EST PAS MA FAUTE.» Je ne cherche pas à excuser cette réponse, mais voyez-vous... je la comprends.

Si vous étiez un tant soit peu comme moi quand j'étais enfant, vous essayiez d'éviter d'assumer votre responsabilité en rejetant la faute sur le vent... ou un oiseau... ou un frère – sur n'importe quoi d'autre, sauf sur vous-même! En outre, je ne dis pas qu'il est acceptable qu'une jeune personne esquive sa responsabilité, mais cela est compréhensible.

Cependant, il vient un temps dans la vie de chaque personne où le «CE N'EST PAS MA FAUTE» n'est plus acceptable. Il y a un temps dans la vie de chacun où nous devons nous lever et dire : « LA RESPONSABILITÉ COMMENCE ICI ! »

Ce qui m'attriste concernant ce grand pays qui est le nôtre, c'est que tellement de gens parmi nos concitoyens sont figés de façon permanente dans un arrêt de leur développement ! Quelque part en cours de route, nous sommes passés d'une nation de gens ayant l'attitude du « JE PEUX FAIRE » ... à une nation de personnes ayant cette approche de la vie : « CE N'EST PAS MA FAUTE. » Pour résumer, beaucoup trop de gens parmi nous passent leur temps à éviter les responsabilités en rejetant le blâme sur d'autres plutôt que d'assumer leurs responsabilités en relevant leurs défis de front.

Où étaient donc les parents ?

Prenons un moment pour parler de certaines de ces situations trop courantes où des gens dévient de leur route pour éviter d'assumer leurs responsabilités. Par exemple, cela vous dérange-t-il quand vous entendez dire que des jeunes de 13 ans se font arrêter à 3 h 30 du matin pour avoir volé une auto ? La première chose qui me vient à l'esprit est : « Où étaient donc les parents ? » Quelle sorte de parent permettrait à son jeune de 13 ans de courir dans les rues à 3 h 30 du matin ? Il n'y a qu'un parent irresponsable pour agir ainsi !

Alors, que font donc ces parents irresponsables ? Ils rejettent le blâme sur le système scolaire.

Ils blâment le système judiciaire pour les jeunes.
Ils blâment le voisinage.
Ils blâment les amis de leurs enfants.
Ils vont même jusqu'à blâmer la police parce que cette dernière fait son travail !
Ils blâment tout le monde sauf ceux-là qui sont le plus blâmables, c'est-à-dire eux-mêmes !

Que dire de ces gens qui s'enivrent à la taverne locale... et qui brûlent ensuite un feu rouge en retournant à la maison, bousillant leur auto et blessant une innocente personne par la même occasion ?

Que font donc ces ivrognes? Ils poursuivent le propriétaire de la taverne en justice pour leur avoir servi trop d'alcool!

Et que dire de ces gens qui fument deux paquets de cigarettes par jour pendant 35 ans et qui poursuivent l'industrie du tabac quand ils ont un cancer du poumon? N'est-ce pas totalement absurde?

Ils tirent profit de leur irresponsabilité

Comme si ce n'était pas déjà suffisamment pitoyable, plusieurs de ces personnes irresponsables gagnent réellement ces procès ridicules! C'est triste! En plus d'être des gens qui se soustraient à leurs responsabilités, ils en tirent même profit! Que se passe-t-il donc? Le monde est-il devenu fou?

L'histoire la plus étonnante que j'ai entendue concernant ces gens irresponsables qui essaient de tirer profit de leur propre négligence est survenue à Camden, dans le New Jersey. Un jeune homme de 18 ans a été emprisonné pour avoir assassiné un commerçant. En attente de leur procès au cinquième étage de la prison du comté de Camden, l'adolescent et quatre détenus parmi ses amis ont décidé de s'évader. Ils ont percé un trou dans une des fenêtres extérieures et ils ont pris la clef des champs grâce à une corde fabriquée avec des draps attachés ensemble.

L'adolescent a perdu l'équilibre pendant la tentative d'évasion et est mort en tombant. Qu'est-ce que ses parents ont fait alors? Vous l'avez deviné... ils ont poursuivi la ville en justice en s'appuyant sur le fait que les autorités carcérales avaient échoué à maintenir, selon leurs dires *«une prison raisonnablement sûre.»*

Est-ce moi qui me fais des idées ou bien ces gens ont-ils perdu l'esprit? Plutôt que de poursuivre la ville pour le décès accidentel de leur enfant, ces parents auraient dû se ronger les sangs pour le meurtre que leur fils avait commis et réfléchir à leur façon de l'élever. Pensez-vous qu'un parent responsable... ou un citoyen responsable... éviterait d'assumer sa responsabilité et chercherait à rejeter le blâme sur quelqu'un d'autre? AUCUNEMENT!

Voici des statistiques atterrantes. Savez-vous combien de poursuites en responsabilité sont enregistrées dans ce pays chaque année? La réponse va vous étonner: 20 MILLIONS DE POURSUITES PAR ANNÉE! J'en arrive à croire que plusieurs de ces actions judiciaires sont engagées par des personnes cherchant à rejeter le blâme sur quelqu'un d'autre pour leurs actions irréfléchies et irresponsables, comme les fumeurs qui ont un jour le cancer du poumon et qui poursuivent ensuite les sociétés productrices de tabac. Plutôt pathétique, n'est-ce pas?

Voyez-vous, il est évident que vous ne pouvez pas vous rendre meilleur, ou améliorer votre santé, vos finances, vos relations ou votre travail en rejetant tout le blâme sur quelqu'un d'autre. La façon de vous rendre meilleur n'est pas de blâmer les autres... qu'ils soient la police, les politiciens, les gens riches, les conservateurs, les libéraux... ou qui que ce soit d'autre! La manière de vous rendre meilleur consiste à assumer l'entière responsabilité de votre vie.

Quand vous l'accomplissez vous-même, vous savez que le travail va se faire

Par exemple, certains de mes amis étaient contrariés parce qu'il y avait trop de déchets dans leur voisinage. Ils ont donc incité leurs voisins à écrire des lettres aux services municipaux pour reprocher aux employés de la ville de ne pas ramasser les détritus. Pensez-vous vraiment que cette démarche a réglé le problème? Bien sûr que non. À vrai dire, aux dernières nouvelles, leurs quartiers étaient encore recouverts de déchets.

Plutôt que d'organiser un envoi de lettres, pourquoi mes amis n'ont-ils pas organisé un circuit de ramassage des détritus? Le fait d'accepter la responsabilité de RAMASSER LES DÉTRITUS ferait ASSURÉMENT en sorte que le voisinage soit propre, n'est-ce pas? Au bout du compte, VOUS-MÊME êtes responsable de nettoyer votre voisinage, pas la ville. VOUS-MÊME êtes responsable de faire le ménage dans VOTRE VIE... et personne d'autre! On pourrait dire la même chose pour chaque facette de nos vies.

Les récompenses de la responsabilité

Si chacun assumait la responsabilité de son alimentation et de faire de l'exercice, un tiers des Nord-Américains souffrant d'embonpoint ne seraient pas aussi mal en point, n'est-ce pas?

Si les gens prenaient la responsabilité d'aider leurs enfants à faire leurs devoirs, nous n'aurions pas des diplômés du secondaire qui ne peuvent pas lire ni écrire, n'est-il pas vrai?

> *«Il y a deux catégories de gens sur la route de la vie: Les passagers et les conducteurs!»*
> — **Une publicité télévisée pour Volkswagen**

Ma position concernant la responsabilité personnelle est semblable à cette publicité d'automobiles que je vois de temps à autre à la télé, et dans laquelle l'annonceur dit: *«Il y a deux catégories de gens sur la route de la vie: les passagers et les conducteurs!»*

Les gens qui prennent la responsabilité sont les conducteurs de ce monde; ceux qui ne le font pas en sont les passagers. Les conducteurs ont le contrôle de leurs vies... les conducteurs décident... ils prennent les décisions qui consistent à savoir où effectuer un virage et à quelle vitesse rouler... les conducteurs éprouvent du plaisir et vivent avec passion... ils savourent les fruits que leur procure le fait d'assumer leurs responsabilités.

D'autre part, les passagers font seulement partie de la promenade. Ce ne sont que des spectateurs qui regardent le monde défiler plutôt que de choisir de participer activement. Les passagers sont des personnes qui donnent des conseils aux conducteurs et qui sont plus à l'aise à anticiper ce que ces derniers vont faire, et à leur dire à quel endroit ils auraient dû effectuer un virage au lieu de se mettre elles-mêmes au volant.

Comprenez-vous pourquoi les conducteurs de ce monde se réalisent davantage?... Pourquoi ils sont plus heureux?... plus indépendants?... plus avisés?... plus confiants?... Tout comme les gens qui recherchent et acceptent la responsabilité, les conducteurs font en sorte que des choses se produisent au lieu de regarder par la fenêtre et *de voir simplement des choses se produire.*

La conclusion est la suivante: VOUS et seulement vous – pas votre mère ni votre père, pas l'oncle Sam, ni votre employeur, ni les autres – êtes responsable de votre vie. Le fait d'assumer la responsabilité de votre vie est ce qui distingue les adultes des enfants, les hommes des jeunes garçons, les gagnants des perdants, ceux qui réussissent dans tout ce qu'ils entreprennent de ceux-là qui rêvent de devenir quelqu'un.

Considérez cela sous l'angle suivant: Si vous fumez des cigarettes, quelqu'un vous a-t-il placé un revolver sur la tempe pour vous forcer à commencer à fumer? Quelqu'un peut-il arrêter de fumer à votre place? Quelqu'un peut-il perdre du poids à votre place? Quelqu'un peut-il fréquenter un collège en votre nom? Ou apprendre un métier pour vous? Ou lire ce livre à votre place? Bien sûr que non! Vous seul le pouvez!

En fin de compte, VOUS êtes responsable de votre succès ou de votre échec... de la stagnation ou de l'amélioration de vous-même! Vous êtes responsable de vos propres actions... vous êtes responsable de créer vos propres rêves et de fixer vos propres objectifs... vous êtes responsable de croire en vous-même... pour améliorer votre attitude... afin de remplacer des mauvaises habitudes par des bonnes... pour vous préparer à la réussite... dans le but de contrôler vos émotions... de mieux gérer votre temps, et ainsi de suite.

Assumez votre propre responsabilité en termes de *VOUS INC.*

Voyez cela de la manière suivante: Voudriez-vous œuvrer pour une entreprise qui n'accepterait pas sa responsabilité quant à la qualité de ses produits? Ou une entreprise qui expédierait la moitié de ses commandes à de mauvaises adresses? Voudriez-vous travailler pour le président d'une société qui oublierait de venir aux réunions du conseil d'administration. Voudriez-vous travailler pour une entreprise lucrative qui omettrait de vous rémunérer? Bien sûr que non! Ce genre de comportement est irresponsable.

Alors, comment pensez-vous que les gens percevraient cette entreprise – qui est vous-même – si vous évitiez toute responsabilité?

Comment pensez-vous que les gens percevraient cette même entreprise si vous arriviez toujours en retard aux réunions importantes?

Comment pensez-vous que les gens percevraient cette même entreprise si vous faisiez des chèques sans provision?

Comment pensez-vous que les gens percevraient cette même entreprise si vous étiez toujours négatif et en train de vous plaindre au travail?

Pensez-vous que votre valeur à leurs yeux augmenterait... ou diminuerait... si vous échouiez à faire face à vos responsabilités?

Finalement, la seule personne qui peut ajouter de la valeur à votre vie est VOUS-MÊME... ET VOUS LE SAVEZ! Voyez-vous, je sais de source sûre que les choses ne se passent pas très bien en ce moment pour un très grand nombre de Nord-Américains. VOUS faites peut-être partie de ces gens.

Ne jouez pas à blâmer les autres

Il se peut que VOUS soyez une de ces personnes endettées jusqu'au cou, sur le point de perdre votre maison ou votre automobile. Alors, vous rejetez le blâme sur l'économie!

Il se peut que VOUS soyez une de ces personnes qui travaillent outre mesure et qui sont sous-payées... vous rejetez alors le blâme sur votre patron!

Il se peut que VOUS soyez une de ces personnes licenciées temporairement... vous blâmez donc alors votre ancienne entreprise.

Si cela vous semble des situations très familières, il se peut que VOUS soyez en train de tomber dans le piège qui consiste à blâmer les autres. Le fait de justifier vos échecs en rejetant le blâme sur quelqu'un d'autre pourra alimenter la conversation quand vous vous apitoierez sur votre sort, mais cela ne changera rien. Au bout du compte, la seule personne qui peut changer votre vie c'est vous... et tous les reproches du monde ne pourront jamais modifier ce fait!

D'un hangar à un appartement luxueux

Il se peut que la meilleure façon d'illustrer l'importance d'assumer ses responsabilités soit de partager une histoire au sujet d'un homme prénommé Tim qui a fait prendre un virage de 180 degrés à son existence en choisissant d'accepter sa responsabilité.

Tim a été élevé dans une famille de la classe moyenne avec 5 frères et sœurs. À l'âge de 11 ans, le sort lui a réservé un coup terrible: son père est décédé dans un accident d'automobile. Après avoir complété son secondaire et son cours collégial de peine et de misère, Tim a été entraîné dans une clique de durs à cuire et de fêtards. Il s'est mis bêtement à vendre de la cocaïne et, en 1979, il a été arrêté et condamné à 8 ans de prison.

Devenir meilleur au lieu de devenir amer

Au lieu de sombrer dans l'amertume et de rejeter le blâme sur la société pendant qu'il était en prison, Tim s'est mis à travailler sur sa propre personne. Il en est venu à prendre conscience qu'il avait gâché bien des choses, et s'il devait un jour faire quelque chose de sa vie, cela ne dépendrait que de lui.

Plusieurs années plus tard, Tim a dit: «*Je ressentais beaucoup de colère à cette époque de ma vie, mais j'ai réalisé qu'il me fallait diriger cette colère envers moi-même, et non pas sur quelqu'un d'autre. J'ai finalement accepté le blâme relativement à toute cette situation dans laquelle je m'étais moi-même piégé.*»

Il a ensuite consacré son temps à s'améliorer lui-même en lisant des livres et en écrivant. D'un naturel plutôt drôle, Tim a commencé à organiser des spectacles d'artistes à la prison, agissant à titre de maître de cérémonie, où il rodait de nouvelles blagues et de petits rôles comiques. Quand il a été libéré de prison, Tim s'est mis à travailler pour une agence de publicité et il a perfectionné son numéro comique chaque soir dans des cabarets locaux.

Par la suite, sa performance a attiré l'attention de plusieurs cadres supérieurs de *Disney*, qui lui ont offert un rôle principal dans une série humoristique à la télévision. Même si Tim voulait désespérément faire partie des ligues majeures, il a décliné la première idée d'émission de *Disney*. Après avoir refusé deux autres suggestions de la part des gens de chez *Disney*, Tim a décidé d'assumer la responsabilité de la direction de sa carrière. Il a alors présenté sa propre idée d'émission: une série à propos d'un présentateur d'une émission de bricoleurs à la télé.

Vous avez probablement deviné maintenant que le nom au complet de Tim est Tim Allen, vedette de l'émission *Home Improvement* de la chaîne *ABC*. En 1994, 10 ans seulement après avoir été libéré d'une prison fédérale, Tim a réussi à marquer un rare triplet: Il était la vedette de l'émission télévisée numéro un. Son premier film, *The Santa Clause*, est devenu le succès-surprise de la période des fêtes. Et son autobiographie truffée de blagues a atteint la première place dans la liste des livres à succès du *New York Times*! Quel retour sur la scène publique!

Valeur ajoutée égale revenus supplémentaires

À présent, laissez-moi vous poser une question: Pensez-vous vraiment que Tim Allen serait devenu une «superstar» s'il n'avait pas accepté la responsabilité de ses erreurs? Nous connaissons tous la réponse à cela, n'est-ce pas?

Réfléchissez à ceci: Quelle *valeur* avait Tim Allen aux yeux de ses amis, de sa famille, de son épouse et de la société en général quand il était encore en prison? Je crois qu'il serait juste de dire, très peu. Mais voyez-vous à quel point il a *augmenté sa valeur de façon spectaculaire* aux yeux de chaque personne autour de lui en comprenant et en vivant selon un seul des principes simples de ce programme: celui qui consiste à accepter sa responsabilité.

C'est pourquoi il est crucial de comprendre le pouvoir derrière ce premier principe: *Acceptez la responsabilité*.

> **«La liberté veut dire responsabilité. Voilà pourquoi la plupart des êtres humains la redoutent.»**
>
> **– George Bernard Shaw**

L'application de ce seul principe peut ajouter à VOUS-MÊME une énorme valeur! Combien croyez-vous que Tim Allen a gagné pour être en vedette dans son premier film? Environ 10 millions de dollars, plus un pourcentage sur les bénéfices bruts! Pas mal du tout pour un ancien détenu!

Alors pouvez-vous voir comment le fait d'accepter la responsabilité pour ce que vous êtes et pour ce que vous devenez peut accroître de façon spectaculaire votre valeur aux yeux de votre famille, de vos amis et de votre profession? C'est là toute la différence entre une vie ordinaire et une VIE EXTRAORDINAIRE!

Cela me fait bouillir le sang d'entendre des gens influents, comme la chroniqueuse du journal, fumeuse et atteinte d'obésité, qui préconise d'*éviter la responsabilité* plutôt que d'accepter la responsabilité. Voilà pourquoi je sors de mes gonds quand j'entends des histoires au sujet de pères parasites qui engendrent des enfants et qui fuient ensuite les responsabilités qu'ils ont à leur égard. Non seulement leurs actions blessent-elles d'autres gens, mais elles les blessent eux aussi!

L'irresponsabilité est une épée à deux tranchants

Voici où le bât blesse quand nous évitons d'assumer nos responsabilités: c'est une épée à deux tranchants. Cela vous affecte ainsi que d'autres! Par exemple, je plains infiniment les gens qui abandonnent leurs enfants pour satisfaire leurs propres plaisirs. Non seulement cela s'avère dévastateur pour les enfants, mais le parent négligent passe peut-être également à côté de la plus grande joie que la vie nous offre: l'expérience d'aimer un enfant et de le guider de la naissance à l'âge adulte!

> *«Je ne suis qu'une seule personne, mais je suis quand même une personne; je ne peux pas tout faire, mais je peux tout de même faire quelque chose; je ne refuserai PAS de faire quelque chose que je peux faire.»*
> **– Helen Keller**

Les parents qui «parquent» leurs enfants devant la télévision pendant cinq à six heures à la fois croient peut-être éviter ainsi les embêtements inhérents à l'éducation des enfants... mais ces parents ne réalisent pas que ce sont eux qui passent à côté de quelque chose.

Voyez-vous, les parents irresponsables ratent l'occasion d'influencer l'avenir de leurs enfants... Les parents irresponsables passent à côté de l'opportunité de guider leurs enfants jusqu'à l'âge adulte... Les parents irresponsables ratent l'occasion de nourrir pendant toute une vie une réelle intimité avec leurs enfants.

La responsabilité est une joie, pas un travail

Le grand dramaturge irlandais, George Bernard Shaw, a fait l'observation suivante concernant la responsabilité: *« La liberté veut dire responsabilité. Voilà pourquoi la plupart des êtres humains la redoutent. »* Cela est particulièrement vrai à notre époque. Ce que monsieur Shaw a oublié de mentionner ce sont les avantages qu'il y a à assumer ses responsabilités! Plutôt que de craindre les responsabilités, les gens devraient les rechercher car personne ne peut un jour se réaliser pleinement s'il ne recherche pas et n'accepte pas avec empressement les responsabilités.

Pensez simplement à ces expériences qui vous ont apporté un très profond sentiment de satisfaction. Ne vous êtes-vous pas senti bien dans votre peau quand vous avez assumé votre responsabilité et perdu sept kilos?

Ne vous êtes-vous pas senti bien dans votre peau quand vous avez accepté la responsabilité et que vous avez aidé un ami sans le sou?

Ne vous êtes-vous pas senti bien dans votre peau quand vous avez pris vos responsabilités et que vous avez réussi cet examen difficile que vous redoutiez?

Ne vous êtes-vous pas senti bien dans votre peau quand vous avez accepté la responsabilité et que vous avez reçu par la suite votre diplôme du secondaire ou du collégial... ou que vous avez épargné de l'argent pour acheter votre première maison... ou que vous vous en êtes tenu à vos résolutions du jour de l'an? Bien sûr que oui! Ces accomplissements vous ont apporté un profond sentiment de satisfaction et vous ont fait vous sentir que vous vous réalisiez pleinement, que vous étiez utile et précieux.

> *«La vie ne consiste pas à vous trouver vous-même, mais à vous créer vous-même.»*
> — **Mary McCarthy**

Laissez-moi vous poser une question. Qu'est-ce qui vous procure un sentiment de satisfaction plus profond? Le fait de passer à l'action ou de remettre les choses à plus tard? Conduire l'auto... ou être un simple passager dans l'auto? Atteindre le succès en acceptant la responsabilité pour VOUS-MÊME... ou accepter la médiocrité et rejeter le blâme sur les AUTRES? Je crois que tous ceux qui ont accepté leurs responsabilités et qui les ont assumées jusqu'au bout savent, sans l'ombre d'un doute, lesquels de ces choix mènent à un plus grand sentiment de satisfaction.

Saisir la responsabilité

Le point est le suivant: Accepter la responsabilité n'est PAS quelque chose que nous devrions chercher à éviter, c'est quelque chose que nous devons saisir si nous voulons faire l'expérience de toutes les grandes récompenses que la vie a à nous offrir!

Le parfait exemple est quand j'accepte la responsabilité de cesser de fumer. Je peux vous garantir que l'authentique satisfaction à long terme que m'a procuré le fait d'arrêter de fumer a été bien plus grande que la satisfaction à court terme que j'éprouvais lorsque j'allumais une cigarette! Et ce n'est là qu'un seul petit exemple qui illustre les énormes avantages de la prise de responsabilités.

La célèbre romancière américaine, Mary McCarthy, a dit un jour: *«La vie ne consiste pas à vous trouver vous-même, mais à vous créer vous-même.»*

Quel message! Vous n'avez certainement pas le contrôle au sujet du don de la vie, personne ne pourrait vous dissuader de cela. Mais que dire concernant le reste de votre vie, cette vie que vous choisissez de *créer* pour vous-même en commençant dès maintenant? Le défi consiste à vous *créer vous-même* en vous engageant de façon inconditionnelle à assumer la responsabilité pour chacun des aspects de votre vie. Tout ce que vous avez à faire se résume à dire: *«À partir d'aujourd'hui, j'assume la responsabilité entière de ce que je suis et de ce que je deviens.»*

Mes félicitations! Vous venez tout juste de faire un vœu qui a le pouvoir de vous conférer plus de valeur que dans vos rêves les plus fous.

Accordons-nous maintenant quelques instants pour examiner et comprendre ces rêves dans le chapitre suivant: *Deuxième principe: Osez rêver!*

DEUXIÈME PRINCIPE:

Osez rêver!

« L'avenir appartient à ceux qui croient en la beauté de leurs rêves. »

— Eleanor Roosevelt

C'est une honte d'associer trop souvent le mot «rêve» à des attentes irréalistes. Nous avons été conditionnés à considérer les rêves comme des choses inatteignables, à les appeler des élucubrations et des rêvasseries.

Au contraire, il n'est pas nécessaire que les rêves soient irréels. Les rêves sont les images mentales qui inspirent pratiquement toute activité humaine authentique, de l'ancien rêve égyptien de construire les grandes pyramides... à *votre rêve* de fonder une famille ou de construire une nouvelle maison.

Dans les mots immortels de Napoleon Hill: *« Tout accomplissement et toutes les richesses terrestres ont commencé par une idée ou un rêve. »* Est-ce que cette définition ressemble à la description de quelque chose d'irréel? Pas du tout!

Les rêves contiennent un pouvoir presque illimité de nous élever dans un monde qui parfois semble déterminé à nous maintenir au sol.

Les rêves ont le pouvoir de nous entraîner vers l'avant face à l'adversité.

Les rêves ont le pouvoir d'accentuer notre concentration et de remplir nos vies d'énergie et de passion.

Les rêves ont le pouvoir de renouveler nos forces et de nous protéger de la critique et de la pensée négative.

Mais surtout, les rêves ont le pouvoir de nous rappeler que les plus grandes réalisations commencent toujours par les plus grands rêves. Utilisons ici une autre citation classique de Napoleon Hill: *« Tout ce en quoi le cœur peut croire... tout ce que l'esprit peut concevoir... vous pouvez le réaliser. »*

Tracer son chemin jusqu'au sommet par la magie du rêve

Voici l'histoire d'un homme prénommé Lou qui personnifie l'observation de Napoleon Hill selon laquelle si vous pouvez le concevoir... et y croire... vous pouvez le réaliser!

Quand Lou avait 25 ans, il s'est présenté au travail un matin et a été accueilli par cette nouvelle que tout employé redoute: il avait été congédié. Étant un homme fier et déterminé, Lou a été profondément blessé par ce renvoi. Il a flâné dans la maison pendant plusieurs jours, s'apitoyant sur son sort et rejetant le blâme de son malheur sur le monde entier.

> *« Tout accomplissement et toutes les richesses terrestres ont commencé par une idée ou un rêve. »*
> **– Napoleon Hill**

Mais Lou comprenait que le fait de s'apitoyer sur son sort ne le menait absolument nulle part! Par conséquent, un jour, quelque temps après avoir été congédié, Lou a décidé de transformer son expérience négative en une expérience positive, en utilisant le temps libre dont il disposait entre deux emplois, comme une opportunité pour planifier le reste de sa vie.

Lou a commencé par s'asseoir seul dans une chambre silencieuse et à rêver de toutes ces choses qu'il aimerait accomplir au cours de sa vie. Puis, il a pris une feuille de papier et a entrepris de mettre par écrit ses rêves aussi rapidement qu'il le pouvait.

Quand Lou a terminé, il avait une liste de 107 rêves. Certains étaient du domaine de l'aventure, comme le parachutisme en chute libre. Certains étaient prestigieux, comme d'accepter une invitation à dîner à la Maison-Blanche. D'autres concernaient sa famille, comme de voir ses quatre enfants obtenir leur diplôme universitaire. Et certains autres rêves étaient tellement ambitieux qu'il était presque impossible pour Lou de les réaliser.

Devenez un penseur du possible

Mais pendant que Lou dressait sa liste de rêves, il ne s'est pas préoccupé d'être trop réaliste. Il ne voulait pas penser à toutes ces choses qu'il ne pouvait PAS faire. Il ne voulait pas revenir sans cesse sur les limites. Il voulait se concentrer sur les choses qu'il *pouvait* faire. Il voulait se concentrer sur la pensée des possibilités, et non pas sur la pensée pessimiste. Il s'est fait un devoir de rêver à nouveau.

Étant donné que Lou a OSÉ RÊVER, il a non seulement changé complètement sa vie... il est devenu l'une des personnes les plus couronnées de succès dans l'histoire de sa profession. Voyez-vous, l'un des rêves de Lou était de devenir entraîneur-chef de l'équipe de football de Notre Dame. Un autre de ses rêves était de mener son équipe à un championnat national.

Étonnamment, Lou, dont le nom au complet est Lou Holtz, a réalisé ces deux rêves! En 1998, Lou Holtz a conduit son équipe invaincue de Notre Dame à un championnat national!

Lou a accompli non seulement ces deux rêves... mais 93 autres de sa liste originale de 107 rêves. Pensez-y un instant. Lou a atteint presque *90 %* de ses rêves. Les accomplissements de Lou sont la preuve vivante que le fait de rêver a le pouvoir impressionnant de transformer la vie des gens!

Le pouvoir magique de rêver

L'histoire de Lou Holtz met l'accent sur le pouvoir magique de rêver. Partout où je regarde dans ce grand pays qui est le nôtre, j'entrevois des preuves irrésistibles du pouvoir réel du rêve... en commençant par la plus chère des possessions aux yeux de chaque Nord-Américain, notre liberté!

Pouvez-vous vous imaginer où nous serions vous et moi si nos pères fondateurs n'avaient PAS osé rêver? *Nous serions encore une colonie de l'Angleterre!* Sans un rêve, l'Amérique, cette terre de la liberté, serait encore aujourd'hui la terre de la plus grande plantation du monde! Mais parce que les signataires de la Déclaration de l'indépendance ont OSÉ RÊVER, il y a plus de 200 ans, l'Amérique est aujourd'hui le modèle international de démocratie et le leader du monde libre. C'est ce que je veux dire, mon ami, quand j'affirme qu'il y a du pouvoir à rêver de grands rêves!

Comment concrétiser vos rêves

J'aimerais maintenant vous parler d'une méthode éprouvée pour concrétiser vos rêves. D'ici la fin de ce chapitre, vous en apprendrez davantage sur l'importance des rêves et comment transformer ces derniers en une vision de votre avenir. Vous allez apprendre comment mettre par écrit un énoncé de mission pour votre entreprise *VOUS INC.* En dernier point, mais non le moindre, vous apprendrez comment traduire vos rêves en objectifs à long et à court terme!

Commençons par discuter des trois étapes simples et nécessaires dans le but de transformer vos rêves... en votre destinée.

Première étape: **PENSEZ** votre rêve.

Deuxième étape: **VISUALISEZ** votre rêve.

Troisième étape: **PLANIFIEZ** votre rêve.

Pour mieux comprendre le fonctionnement de ces étapes, jetons un coup d'œil à la façon de s'y prendre d'un promoteur immobilier pour concrétiser ses rêves.

Premièrement, le promoteur commencerait par la première étape, *en pensant à son rêve.* Il irait voir un terrain non développé, et il se mettrait à réfléchir à ce qu'il faut faire pour le transformer en un développement domiciliaire de nouvelles maisons.

Au cours de la seconde étape, il commencerait à *visualiser son rêve* en dessinant un plan du site et en se fixant des objectifs pour ce projet. Plus un promoteur excelle à chacune de ces étapes, plus le produit final est excellent.

On peut dire la même chose de VOUS-MÊME. Plus vous excellez à *penser... visualiser...* et *planifier* vos rêves, plus vos chances sont excellentes de concrétiser ces rêves.

Toute entreprise couronnée de succès doit passer par ces mêmes étapes. Toute entreprise faisant partie de *Fortune 500* a commencé par un grand rêve... a façonné ce rêve en une vision irrésistible... et a ensuite fait en sorte de réaliser cette vision en s'attaquant à des objectifs à long et à court terme.

La différence entre un rêve et un fantasme

Avant de discuter plus en détail de chacune de ces trois étapes, définissons d'abord le mot RÊVE et parlons de la différence qui existe entre ce mot et un concept que l'on confond souvent avec les rêves, c'est-à-dire, un fantasme.

Commençons par décrire ce qu'un rêve n'est PAS! Un rêve n'est PAS un fantasme. Un fantasme peut être défini comme étant des *« chimères enfantines et inaccessibles »*.

Quand vous étiez enfant, vous avez peut-être imaginé que vous étiez *Superman* ou *Wonder Woman*. Cela ne vous a pas pris beaucoup de temps pour abandonner ce fantasme, n'est-ce pas? Même étant tout jeunes, nous comprenions qu'il était «inaccessible» de voler comme *Superman*.

Même si les fantasmes sont des «chimères enfantines», la plupart des adultes «s'évadent de la réalité» de temps en temps en se plongeant dans des scénarios imaginaires. Un exemple parfait d'un scénario d'adulte est la loterie. En fait, la loterie de la Floride propose un jeu appelé «Fantasme 500». Le nom vous révèle exactement de quoi il en retourne. Et pourtant, étonnamment, des adultes qui devraient être plus raisonnables pour leur âge continuent de gaspiller leur argent durement gagné sur des billets de loterie.

> **«Un rêve est un plan détaillé en vue de vos réalisations ultimes.»**
> – Napoleon Hill

La vérité est que vous avez littéralement plus de chances d'être frappé par la foudre que de gagner à la loterie ! Il est triste que tellement de Nord-Américains intelligents et brillants endorment leurs rêves en continuant de se cramponner à un fantasme enfantin : celui de gagner à la loterie !

À la différence d'un fantasme, les rêves peuvent se concrétiser ! Une excellente définition d'un rêve est la suivante : *« Un rêve est un plan détaillé en vue de vos réalisations ultimes. »*

En d'autres mots, quand vous rêvez, vos émotions suggèrent à votre imagination de dessiner l'image mentale d'un lieu où vous aimeriez vous trouver dans votre vie. La différence entre un rêve et un fantasme est que les rêves sont accessibles. Les rêves peuvent être fantastiques et d'avant-garde, comme d'inventer l'ampoule électrique ou d'envoyer un homme sur la lune. Mais il faut qu'ils soient concrets et accessibles, autrement ce sont des fantasmes !

C'est pourquoi je dis qu'il y a une différence énorme entre *fantasmer et rêver !* Il y a plusieurs années, alors que je construisais des bateaux au cours de ces étés torrides passés en Floride, je revenais à la maison après le travail, je prenais une douche froide, et j'enlevais la fibre de verre de mon avant-bras avec une brosse dure.

Je me souviens m'être assis sur le divan usé de notre appartement d'une seule chambre et avoir RÊVÉ à ce jour où je vivrais dans une grande et belle maison, entouré de plusieurs enfants...

J'ai rêvé de conduire une nouvelle auto luxueuse au lieu d'une vieille *Datsun* déglinguée...

J'ai rêvé aussi de ne plus avoir de dettes et d'avoir de l'argent à la banque...

J'ai rêvé de posséder ma propre entreprise et de contrôler mon propre avenir. Voyez-vous, pendant que mes amis au travail *fantasmaient* en s'imaginant être des gagnants à la loterie, je rêvais... je visualisais... et je planifiais une façon *réaliste* d'accomplir ces rêves.

Eh bien, parce que *j'ai osé rêver* il y a dix ans de cela, aujourd'hui ces rêves sont devenus une réalité ! Mais cela veut-il dire que ma quête est terminée... cela signifie-t-il que je devrais cesser de rêver? Pas du tout. Rêver est un processus permanent... un voyage, pas une destination. Voilà pourquoi j'ai aujourd'hui toute une nouvelle panoplie de rêves. Si Dieu le veut, dans dix ans je vivrai la plupart de ces rêves... tout en pensant et en réfléchissant à de nouveaux rêves pour les dix années suivantes!

Première étape: Pensez votre rêve

Revenons à notre discussion au sujet des trois étapes pour concrétiser votre rêve et parlons plus avant de chacune des étapes, en commençant par la première: PENSEZ VOTRE RÊVE. Quand vous *pensez votre rêve*, cela signifie que vous faites ce que Lou Holtz a fait quand il était un jeune homme à ses débuts. Vous devez vous asseoir et lancer plein d'idées concernant toutes les choses que vous aimeriez réaliser dans votre vie, puis mettez-les par écrit.

Pensez-vous que Lou Holtz se serait souvenu de ses 107 rêves s'il ne les avait PAS mis par écrit? Pas la moindre chance. Donc, laissez aller votre imagination... puis écrivez ensuite une liste interminable de ces rêves.

Si vous éprouvez la hantise de la page blanche quand vous essaierez de penser à des rêves, vous pourriez peut-être faire cette expérience et vous poser des questions sous la forme de QU'ADVIENDRAIT-IL SI? Ce genre de questions fait en sorte que votre imagination rebondit de nouveau. Demandez-vous à vous-même: «*Qu'adviendrait-il si* je pouvais avoir n'importe quel emploi dans le monde... quel poste serait-ce donc? «*Qu'adviendrait-il si* l'argent et le temps n'étaient pas un problème... que ferais-je avec le temps qu'il me reste à vivre? Des réponses à des questions sous la forme de *qu'adviendrait-il si*, comme ces dernières, peuvent faire en sorte que vos rêves affluent plus rapidement et avec plus de force que jamais!

Deuxième étape: Visualisez votre rêve

La deuxième étape pour que vos rêves deviennent des réalités consiste à VISUALISER VOTRE RÊVE. Quand vous *visualisez*, vous commencez avec

> **«Une vision est l'art de voir des choses que les autres ne voient pas.»**
> **– Jonathan Swift**

une vague idée de ce que vous voulez, puis vous faites la mise au point jusqu'à ce que l'image devienne claire et précise dans votre esprit. C'est un peu comme si vous regardiez une photo polaroïd se développer juste devant vos yeux, sauf que la photo est dans votre esprit. En d'autres mots, vous façonnez votre rêve en une vision, voilà ce que vous faites!

Ma définition préférée d'une VISION provient du grand écrivain irlandais, Jonathan Swift, qui disait: *«Une vision est l'art de voir des choses que les autres ne voient pas.»* Une vision n'est rien d'autre qu'un rêve si clair, si net, que rien ne pourra vous empêcher de le réaliser et que personne ne pourra un jour vous le dérober.

Si les rêves sont souvent flous, la mise au point d'une vision est nette. Quand vous avez une vision, vous voyez le lieu où vous voulez être... vous y prenez plaisir... vous vous déplacez à l'intérieur de cet endroit. Votre vision devient semblable à la bande-annonce d'un film qui sera bientôt à l'affiche. Quand vous avez une vision, il ne s'agit pas de savoir SI votre rêve arrivera, il est plutôt question de savoir QUAND votre rêve se réalisera.

Une vision d'une valeur de 10 millions de dollars!

L'acteur Jim Carrey, qui fut en vedette dans les films à succès *Le Masque* et *Batman pour toujours*, comprend le pouvoir d'une vision nette. Au cours d'une période plutôt calme de sa carrière, à la fin des années 80, Jim Carrey a rêvé de devenir riche et célèbre. Il a mis par écrit ses rêves... puis il a cristallisé son rêve en une vision en faisant un geste à la fois créatif et plein d'audace. Il s'est rédigé à lui-même un chèque de 10 millions de dollars et il l'a postdaté pour le jour de l'Action de grâces de 1995. Personnellement, voilà ce que j'appelle oser rêver!

Étonnamment, à la fin du mois de novembre 1995, on a offert à Jim Carrey 10 millions de dollars pour être la vedette du film *Le Masque II*! Vous auriez beaucoup de difficulté à convaincre Jim Carrey, qui a obtenu plus de 20 millions de dollars pour un film en 1996, que le fait d'oser rêver lui a fait perdre du temps!

La vision de Walt Disney

Walt Disney est un autre exemple classique de quelqu'un possédant une vision. Voilà un homme qui a métamorphosé une souris de dessins animés en une entreprise internationale de plusieurs milliards de dollars! La vision de Walt de créer un terrain de jeux fantastique pour les enfants de tous les âges était si nette qu'il a transformé des milliers de terres agricoles de la Californie pour en faire le premier parc d'attractions thématique couronné de succès dans le monde entier, *Disneyland*.

À vrai dire, la vision de Walt Disney était si puissante qu'elle a même survécu à son décès. La construction du *Walt Disney World*, à Orlando en Floride, était loin d'être complétée, même longtemps après que l'oncle Walt ait quitté ce monde. Lors de la cérémonie d'inauguration des travaux de *Walt Disney World*, un journaliste a fait à Roy Disney, le neveu de Walt, le commentaire selon lequel il était bien dommage que Walt ne soit pas vivant pour voir son rêve se réaliser.

Roy a souri au journaliste et lui a dit: «*Oh, mais vous avez tort. Disney World faisait partie de la grande vision de Walt. Croyez-moi, il a vu tout cela déjà complété bien avant n'importe lequel d'entre nous.*» Walt Disney était un visionnaire exceptionnel grâce à son extraordinaire capacité de «voir l'invisible».

Les mariages solides ont en partage une vision

Une entrevue récente animée par le docteur James Dobson, dans le cadre de sa populaire émission de radio *Point de mire sur la famille*, a validé l'importance de créer une vision dans votre vie. Le docteur Dobson interviewait un conseiller matrimonial ayant mené une étude sur 100 mariages couronnés de succès dans le but de découvrir ce que les ménages heureux avaient en commun. D'après le conseiller, l'un des ingrédients clés d'un mariage réussi est une *vision partagée*.

Le conseiller a remarqué que la plupart des jeunes couples mariés commencent habituellement par rêver de fonder une famille et de posséder leur propre maison. Puis, quelques années plus tard, ils découvrent qu'ils ont réalisé ces rêves... et ils font ensuite une erreur fatale: *ils n'imaginent pas de nouveaux rêves!*

Tragiquement, les époux et épouses qui cessent de rêver ensemble commencent souvent à se séparer peu à peu. Le conseiller matrimonial a conclu son exposé sur cette déclaration: «*Sans exception, les ménages heureux PARTAGENT UNE MÊME VISION qu'ils cherchent constamment à réaliser.*»

> **«Si vous ne savez pas où vous allez, vous ne vous y rendrez jamais.»**
> **– Yogi Berra**

L'observation que le conseiller matrimonial a faite sur l'importance d'une vision partagée pourrait également s'appliquer aux entreprises... ou à votre propre entreprise *VOUS INC.*, quant à cette vision. Les visions sont des images mentales nettes qui nous empêchent de dévier de notre route. Sans une vision partagée, il est difficile de rester concentré et sur la bonne voie, car vous n'êtes pas vraiment sûr de votre destination! Le *Livre des Proverbes* le dit plus éloquemment: «*Sans une vision, le peuple périt.*»

Voilà pourquoi la deuxième étape, VISUALISEZ VOTRE RÊVE, est si importante. Si vous ne concentrez pas vos rêves sur une vision, ces rêves iront à la dérive sans but dans votre esprit, sans se fixer sur quelque chose ou sans aucun objectif précis. Quel gaspillage!

Troisième étape: Planifiez votre rêve

La troisième étape consiste à PLANIFIER VOTRE RÊVE. L'étape de planification distingue les participants des spectateurs... les conducteurs des passagers. Voyez-vous, quand vous commencez à établir un plan pour votre rêve, cela démontre que vous êtes sérieux. Planifier signifie que vous vous êtes engagé vous-même à agir concrètement plutôt que de simplement parler!

Par exemple, quelle serait selon vous la première question qu'un banquier poserait si quelqu'un venait lui demander un prêt de 100 000 $ pour lancer une nouvelle entreprise? Que pensez-vous de: «*Où est donc votre plan d'affaires?*»

Le banquier sait par expérience que les nouvelles entrepr. sans un solide plan d'affaires réussissent rarement. Pourquoi? Parc que quiconque essaierait de créer une nouvelle entreprise sans prendre le temps d'en planifier la vocation et comment s'y prendre est voué à l'échec, purement et simplement! Comme Yogi Berra avait l'habitude de dire: «*Si vous ne savez pas où vous allez, vous ne vous y rendrez jamais.*»

Trois étapes pour planifier votre rêve

Il vous faut suivre trois étapes pour établir un plan afin de réaliser vos rêves:

La première étape consiste à mettre par écrit votre énoncé de mission personnelle.

La deuxième étape consiste à subdiviser vos rêves en objectifs.

La troisième étape consiste à mettre par écrit des listes de choses À FAIRE.

Jetons un coup d'œil à chacune de ces étapes plus en détail, en commençant par l'énoncé de mission que vous devez rédiger pour cette entreprise qui est *VOUS INC.*

Première étape: Mettez par écrit un énoncé de mission pour cette entreprise qui est VOUS-MÊME ou *VOUS INC.*

Un énoncé de mission n'est vraiment rien de plus qu'une déclaration écrite de votre but dans la vie. Ce pourrait être une déclaration d'une seule phrase, tel un slogan. Ou ce pourrait être tout au plus deux paragraphes. Cela n'en tient qu'à vous.

Peu importe la longueur, un énoncé de mission a le pouvoir d'inspirer des gens à atteindre des niveaux d'accomplissement qu'ils n'ont jamais cru possibles dans leurs rêves les plus fous. L'un des énoncés de mission les plus puissants de l'histoire est également l'un des plus courts. Il ne comporte que trois mots. Mais ces trois mots ont littéralement sorti une entreprise *Fortune 500* d'une dégringolade qui avait duré 10 ans.

Ces trois mots proviennent d'une chanson de Bob Seger et ont été le point d'ancrage de la campagne publicitaire la plus couronnée de succès de toute l'histoire de la télévision. Ces mots sont «COMME UN ROCHER»... et étonnamment, ces trois mots simples ont aidé *GM* à refaire son image... à améliorer son produit... et à inspirer un sentiment de fierté à chaque travailleur construisant un camion *Chevrolet*. Dans les mots de Kurt Ritter, le directeur des camions *Chevrolet*: «*COMME UN ROCHER traduit à la perfection l'état d'esprit de notre section: Cela consiste à savoir comment construire un camion et comment diriger une entreprise.*»

L'énoncé de mission de ma maison d'édition, *INTI Publishing*, n'est pas très long non plus. Une seule phrase. Mais cela donne le ton de tout ce que nous faisons. Voici ce qu'il en est:

«*La mission de* INTI Publishing *est de conférer à la personne moyenne le pouvoir de reconnaître la valeur énorme du développement personnel et les nombreux avantages de la libre entreprise grâce aux livres, aux cassettes et aux séminaires de qualité.*»

Nous nous référons presque chaque jour à cet énoncé de mission car il nous rappelle qui nous sommes et ce que nous devrions faire de notre temps et de nos talents. Si un auteur se présente et nous demande de publier un livre au sujet des roses primées lors de concours, je lui suggère d'aller voir un autre éditeur, car un livre sur les roses, peu importe ses qualités, ne correspond pas à notre énoncé de mission! Sans un énoncé de mission clairement défini, nous dériverions çà et là comme un navire sans son gouvernail.

Mon énoncé de mission personnelle

Laissez-moi vous poser une question: Êtes-vous d'accord avec moi pour dire que vous ne devriez jamais demander à quelqu'un de faire quelque chose que vous n'êtes pas disposé à accomplir vous-même? De même, je ne vous demanderais pas de mettre par écrit un énoncé de mission pour VOUS-MÊME si je n'en avais pas écrit un pour moi-même. Voici mon énoncé de mission personnelle:

« Ma mission dans la vie est de faire bon usage chaque jour des talents que Dieu m'a donnés; d'améliorer mes relations avec Dieu, ma famille et mes amis; et d'en redonner plus que ce que je prends. »

Ce seul énoncé de mission couvre beaucoup de domaines, c'est le moins qu'on puisse dire. Mais il m'aide à centrer ma vie en me rappelant ce qui est vraiment important. Par exemple, des amis m'ont dit que je peux être généreux à l'excès quand il s'agit de payer l'addition lors d'un dîner. Mais c'est une de mes façons de redonner... et je crois fermement que ce que l'on donne nous revient.

La meilleure façon de rédiger un énoncé de mission pour VOUS-MÊME est de vous demander: *« Quel est le but de ma vie? »* Votre réponse décrira passablement bien votre énoncé de mission.

Il se peut que la situation hypothétique suivante illustrera l'importance de fixer des objectifs et de planifier les rêves pour cette entreprise qui est *VOUS INC.*

Que penseriez-vous si vous étiez à la recherche d'entreprises pour lesquelles travailler et que vous tombiez sur une ne possédant pas d'énoncé de mission... pas d'objectifs de vente mensuels ou annuels, ou d'objectifs de production... pas d'objectifs pour le développement d'un nouveau produit... et pas d'objectifs pour bonifier les avantages sociaux des employés? Est-ce le genre d'entreprise pour laquelle vous aimeriez travailler? Bien sûr que non!

De même, pourquoi une entreprise voudrait-elle embaucher quelqu'un qui n'a pas d'énoncé de mission, de plan de carrière et d'objectifs précis? Engageriez-vous une telle personne? Alors pourquoi quelqu'un voudrait-il vous engager si votre entreprise, *VOUS INC.*, n'a pas de rêves... aucune vision... et pas d'objectifs?

Deuxième étape: Mettez par écrit vos objectifs

Je pense que la plupart des gens n'ont pas d'objectifs écrits parce qu'ils se *disent à eux-mêmes* qu'ils ne comprennent pas comment s'y prendre pour les mettre par écrit. Franchement, ils se défilent!

La VÉRITABLE raison pourquoi les gens évitent de mettre par écrit des objectifs est qu'ils ont peur de ne pas être capables de respecter ces objectifs. Ils pensent en eux-mêmes: «*Si je mets par écrit un objectif et que je ne l'accomplis pas, cela signifiera que je suis un raté.*» Cette sorte de raisonnement me fait penser à la chroniqueuse fumeuse et souffrant d'embonpoint qui disait que vous ne devriez pas prendre des résolutions car, de toute façon, vous ne les respecterez pas! C'EST COMPLÈTEMENT INSENSÉ!

Écoutez, vous et vous seul êtes responsable de cette entreprise qui est *VOUS INC.*, n'est-il pas vrai? Cela signifie que VOUS êtes responsable de vos rêves.

VOUS êtes responsable de votre vision.

VOUS êtes responsable de mettre par écrit votre énoncé de mission.

Et VOUS êtes responsable de mettre par écrit vos objectifs.

Tout ce dont vous avez besoin pour débuter c'est d'un crayon, du papier et de quelques directives claires contenues sur les deux prochaines pages.

Fixez des objectifs pour les «Cinq F»

En tout premier lieu, vous devez prendre cinq feuilles de papier et écrire ensuite en lettres majuscules en haut de chaque page les «Cinq F»:

1. FOI...
2. FAMILLE...
3. FRÉQUENTATIONS ou AMIS...
4. FINANCES...
5. FORME PHYSIQUE...

À présent, sur le côté gauche de chacune des cinq pages, mettez ces mots par écrit:

OBJECTIFS À LONG TERME (3 À 5 ans)

OBJECTIFS À COURT TERME (6 mois à un an)

OBJECTIFS IMMÉDIATS (30 jours)

Maintenant vous êtes prêt à mettre par écrit vos objectifs. Il suffit que vous gardiez à l'esprit que les objectifs doivent être spécifiques, mesurables, stimulants et avoir une date limite pour les accomplir.

Par exemple, vous avez peut-être 20 kilos d'embonpoint et votre rêve est de perdre 20 kilos et de ne pas les reprendre. Voici la façon que vous pourriez subdiviser votre rêve en objectifs à long terme... à court terme... et en objectifs immédiats:

OBJECTIFS À LONG TERME

Je vais atteindre mon poids idéal et maintenir ce poids à 2 kilos près.

OBJECTIFS À COURT TERME

Je vais perdre 20 kilos au cours des 12 prochains mois, ce qui représente moins de 2 kilos par mois ou un demi kilo par semaine.

OBJECTIFS IMMÉDIATS

Je vais limiter le nombre de calories que j'absorbe à 2 000 par jour; je vais marcher pendant 20 minutes chaque matin après le petit-déjeuner; et je perdrai un kilo d'ici dimanche soir.

Voyez-vous à présent comment vous pouvez subdiviser un rêve en des objectifs spécifiques, mesurables, et ayant une date limite?

Des listes de choses à faire

De même qu'il vous faut subdiviser vos rêves en objectifs spécifiques, vous devez aussi subdiviser ces objectifs en une liste quotidienne de CHOSES À FAIRE. Je crois tellement à une liste quotidienne des choses à faire que je me suis arrangé pour que mon imprimante conçoive et imprime plusieurs milliers de ces listes.

Je les utilise chaque jour et j'en donne en cadeau à mes clients. Et je dois dire que j'obtiens plus de rentabilité financière de ma liste de choses à faire que de n'importe quel autre de mes outils d'affaires, à l'exception peut-être du téléphone. Je vous assure qu'avec le téléphone... un télécopieur... et une liste de choses à faire, vous pourriez conquérir le monde!

J'aimerais conclure ce chapitre sur le principe d'OSEZ RÊVER par une histoire vraie qui illustre à la perfection comment le fait de *penser... de visualiser... et de planifier* vos rêves peut accroître de façon spectaculaire la valeur de *VOUS INC.*

Le rêve d'une jeune guide éclaireuse se réalise

> *«Nous vivons tous sous le même ciel... mais nous n'avons PAS tous le même horizon.»*
> – **Konrad Adenauer**

L'histoire parle d'une jeune fille guide du mouvement scout, nommée Markita Andrews, qui a rêvé un formidable rêve et qui a fait en sorte qu'il se réalise!

Markita et sa mère avaient toujours rêvé de voyager à travers le monde. Elles parlaient souvent de leur rêve et la mère de Markita, qui travaillait comme serveuse, lui disait souvent: *«Je vais travailler dur pour que tu obtiennes un diplôme universitaire. Puis, tu gagneras suffisamment d'argent pour nous faire voyager autour du monde, es-tu d'accord?»*

Quand Markita avait 13 ans, elle a lu dans sa revue de guides éclaireuses du mouvement scout que celle qui vendrait le plus grand nombre de biscuits allait se mériter un voyage autour du monde pour deux personnes, tous frais payés.

Le *rêve* de Markita s'est mis soudain à prendre forme dans une *vision...*

Elle pouvait se *visualiser* elle-même en train de vendre des boîtes et des boîtes de biscuits...

Elle pouvait se *visualiser* elle-même en train de recevoir le premier prix...

Et surtout, elle pouvait *visualiser* sa mère et elle-même voyageant à travers l'Europe... l'Orient... le monde entier!

Même si elle n'avait que 13 ans, Markita savait instinctivement qu'il ne suffisait pas simplement de visualiser et de penser à son rêve pour qu'il se réalise. Elle savait qu'il lui fallait élaborer un plan précis.

Par conséquent, avec l'aide de sa mère et de sa tante, Markita a commencé à développer un plan. Voici quelques-unes des directives qu'elles ont mises par écrit au cours des premières séances de planification:

1. Quand tu fais des affaires, habille-toi en conséquence, ce qui signifie de toujours porter ton uniforme de guide éclaireuse lors des visites de vente.

2. Procure-toi toujours une grosse commande, surtout le vendredi soir.

3. Souris constamment, montre-toi toujours aimable, et n'accepte pas le premier « non ».

4. Ne demande pas aux gens d'ACHETER tes biscuits. Demande-leur d'INVESTIR.

Chaque jour après l'école, Markita changeait ses vêtements d'étudiante pour son uniforme de guide éclaireuse et commençait à faire de la sollicitation porte à porte. Quand les gens répondaient et ouvraient leur porte, elle leur souriait, les regardait directement dans les yeux et leur récitait son énoncé de mission:

« Bonjour, je m'appelle Markita Andrews et j'ai un rêve. Je veux gagner un voyage autour du monde pour ma mère et moi en vendant des biscuits pour les guides éclaireuses. Aimeriez-vous investir dans une ou deux douzaines de ces biscuits? »

Vendre des biscuits fait d'elle une vedette dans un film de *Disney*

En l'espace d'un an, Markita a vendu 3 526 boîtes de biscuits des guides éclaireuses et elle a gagné son voyage autour du monde. Au cours des quelques années qui ont suivi, elle a réussi à vendre plus de 42 000 boîtes de biscuits... elle a été en vedette dans un film de *Disney* au sujet de sa quête... et elle a écrit en collaboration un livre à succès intitulé *Comment vendre plus de biscuits, de condos, de Cadillacs, d'ordinateurs...et n'importe quoi d'autre!*

N'est-il pas juste de dire que Markita Andrews a accru la valeur de son entreprise *VOUS INC.* de façon spectaculaire en osant rêver?... et en élaborant un plan pour que ses rêves se réalisent? Je suis porté à croire que la réponse à cette question est un OUI retentissant!

Prenez le temps d'y penser pendant un instant. Si une jeune fille guide éclaireuse de 13 ans est parvenue à accomplir son rêve de voyager à travers le monde avec sa mère, que pouvez-vous réaliser vous-même en osant rêver? Il n'y a pas de limites, n'est-ce pas? Comme le disait un jour le diplomate Konrad Adenauer: *«Nous vivons tous sous le même ciel...mais nous n'AVONS PAS tous le même horizon.»*

Élargissez vos horizons en rêvant de grands rêves

Pourquoi ne pas élargir vos horizons en osant rêver? Le pire qui pourrait vous arriver serait de viser le sommet des arbres... que vous ne réalisiez pas vos rêves... et que vous franchissiez seulement une barrière. Mais ne comprenez-vous pas qu'en échouant à atteindre le sommet des arbres, vous aurez réussi à franchir la barrière, n'est-il pas vrai?

Et je veux vous assurer que de l'autre côté de cette barrière se trouve un monde merveilleux et immense, rempli d'innombrables possibilités qui attendent seulement qu'on les découvre... de l'autre côté de cette barrière se trouve un monde merveilleux qui n'attend que vous pour vous faire vivre des aventures illimitées.

Si seulement vous... OSIEZ RÊVER!

TROISIÈME PRINCIPE:

Le pouvoir de croire!

> *« Il est préférable de mourir pour quelque chose que de vivre pour rien. »*
>
> – Docteur Bob Jones, père

Vous avez probablement entendu la fameuse observation de Henry Ford sur les convictions. Monsieur Ford a dit et je le cite: *«Si vous pensez que vous POUVEZ... ou si vous pensez que vous ne POUVEZ PAS... vous avez raison!»*

J'aime cette citation car elle résume l'essence de la conviction. Si vous pensez que vous pouvez faire quelque chose, eh bien... vous avez raison. VOUS LE POUVEZ! Mais si vous pensez que VOUS NE POUVEZ PAS FAIRE CETTE MÊME CHOSE, savez-vous quoi? Eh bien oui, c'est cela, vous ne le pourrez pas!

N'est-ce pas étonnant que plus souvent qu'autrement les gens vont réussir non pas sur la base de leurs mérites, mais sur la base de leurs convictions?

J'ai toujours été fasciné par ces gens qui possèdent une conviction inébranlable en ce qu'ils font. À maintes reprises à travers l'histoire, des gens ayant de solides convictions en eux-mêmes et en leur mission ont accompli des exploits étonnants malgré l'avis contraire des masses et souvent même des experts! Voici quatre figures légendaires qui illustrent exactement ce que je veux dire.

Vincent van Gogh

Vincent van Gogh n'a vendu que deux toiles de son vivant et toutes les deux à son frère! En dépit de critiques féroces de la part d'autres artistes qui disaient que sa technique artistique était primitive, Vincent van Gogh croyait en son talent et en sa vision. Ironiquement, aujourd'hui les centaines de toiles aux couleurs vives qu'il ne pouvait même pas offrir en cadeau au cours de sa vie valent presque un milliard de dollars!

Fred Astaire

Lors du premier bout d'essai de Fred Astaire, le directeur des essais aux studios de la *MGM* a écrit une note de service à la direction du studio indiquant que Fred Astaire n'avait pas ce qu'il fallait pour réussir au cinéma. La note était ainsi rédigée: *«Ne peut pas jouer. Ne peut pas chanter. Peut danser un peu.»*

> *«Si vous pensez que vous POUVEZ... ou si vous pensez que vous ne POUVEZ PAS... vous avez raison!»*
> – Henry Ford

Fred Astaire a été par la suite en vedette dans de nombreux films classiques de chansons et de danses, et le public est pour toujours redevable à Fred Astaire d'avoir cru en lui-même et d'avoir poursuivi son rêve.

Margaret Mitchell

Margaret Mitchell n'a fait publier qu'un seul livre au cours de sa vie... mais c'était tout un livre! *Autant en emporte le vent* a remporté le prix Pulitzer en 1939 et il est devenu peut-être le film le plus regardé dans l'histoire.

La plupart des gens ne savent pas que *Autant en emporte le vent* a été refusé par 32 éditeurs! Même si elle était une personne très timide et secrète, madame Mitchell croyait tellement en son livre qu'elle a continué de frapper à des portes jusqu'à ce que finalement un éditeur voit ce que les 32 autres n'avaient pas remarqué!

Albert Einstein

Albert Einstein était un étudiant dont l'épanouissement était tellement tardif que ses professeurs ont pensé qu'il était déficient intellectuel! Albert Einstein n'a pas dit un mot avant l'âge de 4 ans et il n'a pas pu lire avant d'avoir 7 ans. Un professeur l'a décrit comme étant un enfant lent sur le plan mental, peu sociable et toujours à la dérive dans ses rêves fous. Il était un étudiant tellement peu brillant qu'il a été renvoyé d'un collège et qu'on a refusé de l'admettre dans un autre!

Heureusement, Albert Einstein croyait plus fortement en ses propres capacités qu'aux avis négatifs de certains de ses professeurs. Bien sûr, Albert Einstein est devenu l'un des plus grands penseurs du XXᵉ siècle et sa théorie de la relativité est tellement difficile à saisir sur le plan intellectuel que seule une poignée de gens vivant aujourd'hui peuvent la comprendre vraiment!

Quand j'entends des histoires comme celles-ci où des gens triomphent parce qu'ils croient en eux-mêmes, je pense chaque fois à la remarque suivante d'Eleanor Roosevelt: *« Personne ne peut faire en sorte que vous vous sentiez inférieur sans votre propre consentement. »* Les personnages de ces exemples n'ont absolument pas abandonné quand ils ont entendu les premiers commentaires négatifs de la part de critiques qui manquaient de vision. S'ils avaient abandonné, notre monde serait un endroit beaucoup moins flamboyant et intéressant. Ils ont poursuivi leurs rêves car ils croyaient en eux-mêmes!

> **« Personne ne peut faire en sorte que vous vous sentiez inférieur sans votre propre consentement. »**
> **– Eleanor Roosevelt**

Ce qu'il y a de formidable à propos de la conviction c'est qu'il n'est pas nécessaire d'avoir la faculté intuitive d'un Albert Einstein ou le talent de Fred Astaire pour jouir de ses énormes avantages! Où est-il écrit que seuls les personnages légendaires ont la mainmise sur le pouvoir de la conviction? Mes amis, je suis ici pour vous dire que le simple principe de la conviction peut également faire des merveilles pour votre entreprise *VOUS INC.*! Tout ce que vous avez à faire est de croire!

La boîte de « J'y crois »

Le docteur Robert Schuller, dans son best-seller *Power Thoughts*, parle d'un cadre couronné de succès qui garde sur son bureau une boîte de « J'y crois ». Chaque fois que le cadre tombe sur un projet qui ne veut vraiment pas avancer – comme un contrat de vente au point mort ou une offre qui s'avère difficile – il le glisse simplement dans sa boîte de «J'y crois», referme le couvercle et le laisse là pendant quelques jours.

Deux jours ou deux semaines après avoir glissé le projet dans la boîte, le cadre y jette à nouveau un coup d'œil. Dans les propres mots du cadre, voici comment fonctionne la boîte de «J'y crois»: *«Pour une raison ou pour une autre, quand je reconsidère le projet quelques jours plus tard, je découvre quelque chose que je n'avais pas vu auparavant. J'imagine une nouvelle manière de m'attaquer au problème. Je prends des notes et si le projet ne se met pas à avancer comme je le veux, je le remets dans la boîte. Étonnamment, cela marche toujours! Depuis que j'utilise la boîte de "J'y crois", je n'ai pas perdu une seule vente, un seul projet ou une seule offre!»*

C'est une formidable histoire car elle montre en détail le pouvoir de croire! N'oubliez jamais: *«Ce que l'esprit peut concevoir... et ce en quoi le cœur peut CROIRE... vous pouvez l'atteindre.»* La boîte de «J'y crois» n'est que le moyen qu'a utilisé une seule personne pour se rappeler à elle-même, sur une base régulière, l'impressionnant pouvoir inhérent au principe de la conviction.

La définition de la conviction selon la Bible

Tout le monde est au courant du concept de la conviction, mais si on nous presse de la définir, nous allons probablement avoir un peu de mal à le faire. La meilleure définition de la conviction que je connaisse est la même que la définition de la Bible à propos de la foi: L'épître aux Hébreux définit la foi ou la conviction dans ces mots: *«La foi est une manière de posséder déjà ce qu'on espère, un moyen de connaître des réalités qu'on ne voit pas.»*

En d'autres mots, vous n'avez pas à le «voir pour y croire» comme le dit le vieil adage. Quand vous croyez VRAIMENT en quelque chose, votre conviction est une preuve suffisante. Vous voyez cette vision tellement clairement dans votre esprit que vous savez que ce n'est qu'une question de temps avant qu'elle ne devienne réalité. Voilà de quoi il est question quand on parle de conviction.

Le pouvoir de l'effet placebo

À vrai dire, la conviction est quelque chose de tellement puissant que cela peut effectivement *produire* un résultat! Le phénomène médical de l'effet placebo en en est le parfait exemple. Un placebo est une pilule inoffensive, non médicamentée, utilisée dans les recherches pour déterminer si oui ou non un médicament expérimental fait effet contre une maladie spécifique.

> *«Transformez vos habitudes mentales en CONVICTIONS plutôt qu'en INCRÉDULITÉ. En agissant ainsi, vous aurez fait en sorte que toute chose soit du domaine du possible.»*
>
> **– Docteur Norman Vincent Peale**

On administre à un groupe de patients le médicament que l'on expérimente, et à un autre groupe le placebo. Vu que les deux groupes croient recevoir le médicament qui va guérir leur maladie, l'état de santé de certains des patients à qui l'on a administré le placebo commence à s'améliorer.

En d'autres mots, l'effet placebo se produit quand un patient croit complètement en un docteur, un traitement ou un médicament, que son esprit commande à son corps de se guérir lui-même!

La plupart des médecins vous diront que les placebos font effet sur environ 35 % des patients. Mais une compilation récente de 15 années d'articles médicaux indique que plus de *70 %* des patients, dans certaines recherches, ont dit qu'ils avaient éprouvé un soulagement significatif grâce aux placebos! N'est-ce pas étonnant que des gens puissent littéralement se guérir eux-mêmes de certaines maladies par le seul pouvoir de la conviction!

Dans son classique *Votre pensée peut tout*, le docteur Norman Vincent Peale écrivait ce qui suit sur la conviction: *«Transformez vos habitudes mentales en CONVICTIONS plutôt qu'en INCRÉDULITÉ. En agissant ainsi, vous aurez fait en sorte que toute chose soit du domaine du possible. »*

Le pouvoir de la pensée positive

Le docteur Peale savait par expérience de quoi il parlait, car sa propre vie est la preuve vivante que la pensée positive peut accomplir des merveilles. Le docteur Peale a vécu jusqu'à l'âge avancé de 95 ans... et jusqu'à l'âge de 93 ans, il prononçait plus de 100 discours par année devant des auditoires à travers le pays.

Pendant 54 ans il a animé une émission de radio hebdomadaire. Il est l'auteur de 46 livres et il a fait un sermon chaque dimanche pendant plus de 50 ans. Ironiquement, quand il était jeune homme, monsieur Peale a souffert de ce qu'il appelle « le pire complexe d'infériorité de tous », et il a développé au départ sa philosophie de la pensée positive pour s'aider lui-même!

Manifestement, des millions de personnes à travers le monde sont avides d'entendre parler du message du docteur Peale à travers son « JE PEUX » qui confère des pouvoirs, car son livre *Le Pouvoir de la pensée positive* s'est vendu à plus de 20 millions d'exemplaires, en 41 langues, depuis sa publication en 1952! Mon plus grand souhait est que les six milliards d'êtres humains puissent entendre le message inspirant du docteur Peale sur la façon d'aborder la vie avec l'attitude du « JE PEUX », au lieu de l'attitude du « JE NE PEUX PAS! »

Des prédictions qui se réalisent

Malheureusement, le contraire se produit quand les gens entretiennent des pensées négatives... quand ils adoptent la façon d'aborder la vie avec l'attitude du « JE NE PEUX PAS ». Une recherche scientifique récente prouve que les croyances négatives peuvent, en fait, occasionner des conséquences négatives! Par exemple, des chercheurs anglais ont signalé que le risque d'être impliqués dans un accident d'automobile augmentait de *52 %* lors d'un vendredi 13! Les scientifiques ont démontré ce que j'ai toujours dit – que les croyances, les convictions peuvent être si fortes qu'elles se réalisent à force d'en parler!

« JE PEUX » par opposition à « JE NE PEUX PAS »

Avez-vous remarqué qu'on entend beaucoup plus de réflexions relevant du « JE NE PEUX PAS » (je préfère les appeler des réflexions empoisonnées) qu'il n'y en a relevant du « JE PEUX »? Il y a certainement beaucoup plus d'histoires négatives que positives à la télé et dans les journaux. Je ne prétends pas connaître toutes les raisons pourquoi les gens sont attirés par ce qui est négatif. C'est peut-être dans la nature humaine. C'est peut-être le fait que nous entendons le mot NON environ sept fois plus souvent que le mot OUI.

Tout ce que je sais c'est qu'il y a beaucoup plus d'êtres pessimistes dans ce monde que de personnes optimistes. Il existe bien plus de gens qui croient qu'ils ne PEUVENT PAS faire quelque chose que de gens qui croient qu'ils PEUVENT. Et cela, mes amis, c'est inacceptable!

Alors comment donc s'y prendre pour suivre le conseil du docteur Peale et «transformer vos habitudes mentales en convictions plutôt qu'en incrédulité»? La réponse est la suivante: Nous commençons avec nous-mêmes... nous nous mettons à travailler sur le système de croyances de notre entreprise *VOUS INC.*, au lieu de rejeter le blâme de tous nos malheurs sur *ILS INC.* Nous commençons par exclure de nos vies les réflexions relevant du «JE NE PEUX PAS», puis nous les remplaçons par des réflexions relevant du «JE PEUX!» Et il n'y a pas de meilleur moment qu'aujourd'hui... maintenant... en ce moment même pour remplacer des réflexions relevant du «JE NE PEUX PAS» par de la pensée positive!

Des funérailles pour «JE NE PEUX PAS»

Mon histoire préférée, en ce qui a trait au fait de remplacer les réflexions relevant du «JE NE PEUX PAS» par d'autres relevant du «JE PEUX», est tirée du livre *Teacher Talk* par Chick Moorman. L'histoire met en scène une institutrice de quatrième année, prénommée Donna, qui a imaginé une façon créative de faire en sorte que ses étudiants cessent de penser en termes de «JE NE PEUX PAS» et commencent à penser en termes de «JE PEUX».

Un matin du début de l'année scolaire, Donna a demandé à sa classe de 31 écoliers de sortir une feuille de papier et d'écrire les mots JE NE PEUX PAS en lettres majuscules tout en haut de la page. Puis, elle a suggéré à ses écoliers de dresser une liste de toutes les choses qu'ils ne pouvaient pas faire. Voici ce que certains d'entre eux ont écrit :

> *« Je ne peux pas faire 10 tractions. »*
> *« Je ne peux pas manger seulement un biscuit. »*
> *« Je ne peux pas faire une longue division à plus de trois chiffres. »*
> *« Je ne peux pas faire en sorte que Debbie m'aime bien. »*

Tandis que les écoliers travaillaient à leurs listes, l'institutrice était occupée à faire sa propre liste :

> *« Je ne peux pas faire en sorte que John se serve de ses mots plutôt que de ses poings. »*
>
> *« Je ne peux pas faire en sorte que la mère de Bob se présente à une rencontre avec les parents. »*

Quand les listes ont été complétées, Donna a demandé aux écoliers de les plier en deux et de les glisser dans la boîte de chaussures vide placée sur son bureau. Une fois que toutes les feuilles ont été regroupées, Donna a mis le couvercle sur la boîte, l'a glissée sous son bras et a demandé aux écoliers de la suivre à l'extérieur de la classe. En arrivant dans l'entrée, Donna a fait un court arrêt au bureau du responsable de l'immeuble, elle y a emprunté une pelle et elle a ensuite conduit ses écoliers à l'extérieur, dans la cour de récréation.

Donna a entraîné les écoliers dans le coin le plus en retrait de la cour de récréation. Se tournant vers eux avec une expression solennelle, Donna a annoncé : *« Les enfants, nous nous sommes rassemblés aujourd'hui pour une occasion très sérieuse. Nous allons enterrer tous les "JE NE PEUX PAS". »*

Elle a alors commencé à creuser un trou dans le sol. Cette opération a duré une dizaine de minutes car tous les enfants voulaient participer. Chaque enfant a donc creusé une pleine pelletée de terre si bien que le trou avait un mètre de profondeur. Puis, Donna a placé doucement la boîte des « JE NE PEUX PAS » au fond de la fosse fraîchement creusée.

À la mémoire de «JE NE PEUX PAS»

Elle s'est ensuite tournée vers ses écoliers et leur a demandé de former un cercle autour de la fosse, de joindre les mains et de baisser la tête. Voici l'inoubliable message que Donna a livré:

« Mes amis, nous nous rassemblons aujourd'hui pour honorer la mémoire de JE NE PEUX PAS. Quand il était encore sur terre avec nous, il a touché les vies de tous et chacun... certains, plus que d'autres. Son nom, malheureusement, a été prononcé dans chaque édifice public, dans les écoles, dans les hôtels de ville, dans le Capitole et, oui, même dans notre Maison-Blanche.

« Aujourd'hui nous avons procuré à JE NE PEUX PAS une dernière demeure. Il laisse derrière lui ses frères et sœurs — JE PEUX... JE LE FERAI...et JE VAIS LE FAIRE TOUT DE SUITE. Ils ne sont pas aussi bien connus que leur célèbre parent... et ils ne sont pas encore aussi solides et puissants. Peut-être qu'un jour, avec votre aide, se feront-ils dans ce monde une réputation encore plus grande que JE NE PEUX PAS.

« Puisse JE NE PEUX PAS reposer en paix... et que chaque personne ici présente reprenne sa vie en mains et aille de l'avant en son absence. Amen. »

Donna et ses écoliers ont rempli ensuite la fosse avant de retourner dans la classe où ils ont commémoré la mort de JE NE PEUX PAS. À l'intérieur de la cérémonie, Donna a découpé une grande pierre tombale dans du papier d'emballage et a écrit en grosses lettres noires ces mots:

«JE NE PEUX PAS»
PUISSE-T-IL REPOSER EN PAIX
28 MARS 1980

Cette pierre tombale en papier fut suspendue dans la classe de Donna pour le reste de l'année. Chaque fois qu'un de ses écoliers oubliait et disait «JE NE PEUX PAS», Donna désignait la pierre tombale. Plus souvent qu'autrement, l'écolier souriait et reformulait sa phrase.

À présent, je vous le demande, n'est-ce pas une histoire charmante? Vous savez, je n'ai jamais eu le plaisir de rencontrer l'institutrice de cette histoire, mais je peux vous garantir que j'inscrirais mes enfants dans sa classe sans hésiter une seule seconde si elle enseignait à l'école élémentaire locale!

Imaginez seulement tout ce que les gens pourraient accomplir s'ils organisaient de telles funérailles imaginaires pour tous leurs JE NE PEUX PAS! Je vous le dis, si cela se produisait, vous assisteriez à une augmentation spectaculaire des actions de chaque *VOUS INC.* dans le monde entier!

Ne croyez pas seulement en vous-même, croyez aux autres

Jusqu'ici dans ce chapitre, nous avons insisté sur le fait de croire en vous-même. Le fait de croire en vous-même est sans l'ombre d'un doute crucial si vous voulez augmenter de façon spectaculaire la valeur de votre entreprise *VOUS INC.* La réalité est la suivante: Si VOUS ne croyez pas en VOUS, comment pouvez-vous vous attendre à ce que *qui que ce soit* d'autre croit en vous-même?

Croire en vous-même est essentiel, c'est une chose certaine. Mais la vie ne se limite pas à vous-même, même si vous êtes très indépendant. Comme l'a remarqué le grand poète anglais John Donne il y a quelques centaines d'années: «Aucun homme n'est une île.» Ce qui signifie que vous devez croire en quelque chose... et en quelqu'un... en dehors de vous-même.

Sans aucune exception, les entrepreneurs exceptionnels croient en eux-mêmes et ils croient en d'autres gens. Par exemple, même s'il croyait beaucoup en lui-même, Christophe Colomb n'aurait pas pu réussir son voyage dans le Nouveau Monde sans croire en son équipage.

Les gens qui réussissent vraiment croient en leurs familles... ils croient en leur pays... ils croient en leurs causes... et pour finir, les gens qui réussissent vraiment croient en quelque chose de plus grand que le monde entier et que toute sa population réunie: ils croient en Dieu!

Examinons maintenant comment le fait de croire en des choses en dehors de vous peut vous enrichir et accroître de façon spectaculaire la valeur de votre entreprise *VOUS INC.* Leo Durocher, le fougueux entraîneur des *Giants* de New York dans les années 50, est le parfait exemple qui illustre comment le fait de croire en d'autres est essentiel pour votre propre réussite personnelle.

Croire en un novice nommé Willy

Au début de la saison de 1951, Leo Durocher a placé au poste de voltigeur centre un joueur de 20 ans provenant d'une ligue mineure, Willy Mays. Monsieur Durocher savait reconnaître le talent quand il le voyait, et il croyait dur comme fer que Willy Mays allait devenir une superstar.

Mais le jeune joueur de base-ball timide, originaire d'une petite ville de l'Alabama, était intimidé de jouer devant d'immenses foules dans des stades des ligues majeures. Willy était si nerveux qu'il n'a frappé aucun coup sûr en 12 apparitions au bâton. Après avoir finalement cogné un coup sûr, il n'en a plus claqué pendant une autre série de 14 tentatives au bâton!

Le jeune joueur de champ extérieur était terrassé! À la fin d'une autre partie sans coup sûr, Leo Durocher a surpris Willy Mays en train de pleurer dans l'abri des joueurs. Entre deux sanglots, Willy a dit: «*Monsieur Leo, je n'arrive pas à cogner les balles des lanceurs dans les ligues majeures.*» Leo Durocher a mis son bras autour du jeune homme au cœur brisé et lui a dit avec conviction: «*Willy, aussi longtemps que je serai l'entraîneur des* Giants, *tu seras mon voltigeur de centre.*»

En effet, le jour suivant Leo Durocher a placé Willy de nouveau dans le champ centre et la confiance qu'il avait en Willy a été récompensée. Willy Mays a obtenu deux coups sûrs cet après-midi-là. Pendant le reste de la saison, Willy Mays a frappé pour une moyenne de .300 au bâton et au cours des 20 années suivantes, il a constamment été un joueur étoile! Voyez-vous, même Willy Mays ne croyait pas en lui-même; mais Leo Durocher a cru en lui. Et cette confiance a fait augmenter de façon spectaculaire la valeur de ces deux individus.

Pouvez-vous imaginer que ce membre du temple de la renommée du base-ball, qui a accumulé plus de 3 000 coups sûrs et

600 circuits... a commencé sa carrière avec un seul coup sûr en 26 tentatives au bâton!

Les avantages de croire

Le bon sens nous dit qu'il existe un réel pouvoir dans le fait de croire en d'autres personnes, que ce soit des collègues de travail, notre famille ou des amis. En fait, une étude récente le corrobore.

Des médecins de la faculté de médecine de Darmouth ont établi le graphique des progrès de 232 patients d'un certain âge qui avaient subi une chirurgie à cœur ouvert. Les chercheurs ont découvert que les patients qui n'avaient PAS participé régulièrement à des activités de groupes – que ce soit à un repas à l'église avec d'autres personnes, à un club des aînés, ou à un groupe d'entraide – étaient trois fois plus susceptibles de mourir dans les six mois suivant leur chirurgie. Selon les dires de l'un des chercheurs de cette étude: *« Notre santé retire des avantages bien précis du fait de posséder une foi solide et d'être intégré dans une toile de relations sociales comme, par exemple, de fréquenter l'église régulièrement. »*

Au lieu de prescrire du valium et des antidépresseurs comme du bonbon, les médecins devraient peut-être commencer à rédiger l'ordonnance suivante: « ALLEZ À L'ÉGLISE CHAQUE SEMAINE.»

Le fin mot de l'affaire est le suivant: Les gens qui croient en Dieu et en une cause plus importante qu'eux-mêmes sont mieux portants... plus heureux... et ont plus de succès que ceux qui n'y croient pas. Un point c'est tout!

La personne dotée de la plus grande croyance gagne!

Je crois sincèrement que la personne avec la plus grande croyance gagne! Pensez-y. Le christianisme a supplanté le paganisme à l'ère de l'empire romain. La démocratie l'a emporté sur le fascisme au cours de la Seconde Guerre mondiale. Le capitalisme a évincé le communisme pendant la guerre froide. Pourquoi? À cause de notre foi en Dieu... et de notre conviction que nos causes de liberté et de libre entreprise étaient plus fortes que les leurs!

C'est comme l'histoire de David et Goliath. Quand David s'est porté volontaire pour combattre le géant, tous autour de lui ont dit que c'était de la folie. Ils ont affirmé à David que Goliath était tellement énorme qu'il

> **«Une personne qui croit en quelque chose en vaut bien 99 autres qui ne font que s'y intéresser.»**
> — **John Stuart Mill**

n'y avait tout simplement AUCUNE FAÇON pour lui de pouvoir gagner. Ce à quoi David a répliqué: *«Goliath est si énorme que je ne peux vraiment pas le manquer!»*

Voyez-vous, David avait de solides convictions bien ancrées en lui. Il croyait en lui-même... il croyait en Dieu... et il croyait en sa cause. Maintenant, cela ne veut PAS dire que David était sans peur. Bien sûr, il éprouvait de la peur. Selon la Bible, Goliath mesurait plus de trois mètres... était recouvert d'une armure de la tête aux pieds... et il était un survivant aguerri de nombreux combats corps à corps. Mais la foi inébranlable de David l'a rendu capable de surmonter ses peurs et de triompher de Goliath et de ceux qui n'y croyaient pas.

Le philosophe John Stuart Mill a résumé l'impressionnant pouvoir de la conviction en ces mots: *«Une personne qui croit en quelque chose en vaut bien 99 autres qui ne font que s'y intéresser.»* Le récit biblique de la victoire de David constitue assurément une preuve de cette déclaration.

Croyez en vous-même et en votre cause

J'ai remarqué au fil des années que les gens couronnés de succès et ceux qui ne réussissent pas reçoivent à peu près le même nombre de rétroactions négatives. La différence c'est que les gens qui réussissent – les Henry Ford de ce monde – ne croient pas en ce que les voleurs de rêves leur disent, tandis que les gens qui ne réussissent pas y croient.

Cela me fait penser à l'adage populaire: «Si vous ne prenez pas la défense de quelque chose, vous allez vous laisser piéger par n'importe quoi.» Si les gens ne croient pas passionnément en eux-mêmes... en leurs familles... et en leurs causes... ils peuvent être facilement influencés par la dernière nouveauté qui se présente.

Je n'aime pas imaginer où j'en serais aujourd'hui si j'avais écouté tous et chacun au lieu d'être à l'écoute de ma propre voix intérieure me disant de rester fidèle à mes croyances. Par exemple, quand j'ai dit à des amis et à des connaissances que j'écrivais un livre, la plupart d'entre eux se sont moqués de moi. Voyez-vous, j'étais un étudiant qui n'obtenait que des notes médiocres en anglais à l'école secondaire et au collège. J'ai toujours été faible en orthographe et ma grammaire est, au mieux, dans la moyenne.

Les gens me disaient: *«Que connais-tu sur l'écriture des livres – tu n'as jamais écrit un livre auparavant.»* Ma réponse à ce commentaire était la suivante: *«Si le premier individu qui a écrit un livre avait pensé de cette façon, les livres n'existeraient pas.»* Je me suis dit que si mes critiques ne pensaient pas être capables d'écrire un livre, c'était leur affaire. Mais cela ne signifiait pas que je devais me fier à ce qu'ils racontaient!

Voyez-vous, je croyais en moi-même et dans ma cause. Je croyais sincèrement que j'avais quelque chose à dire que d'autres gens avaient besoin d'entendre. Je savais sans l'ombre d'un doute que je pouvais livrer un message que des gens considéreraient valable... intéressant... et utile.

Mes critiques s'attardaient sur des points mineurs: la grammaire, l'orthographe et mes notes à l'école. D'un autre côté, j'étais plus préoccupé par les points majeurs: comme le fait de livrer le message et de le présenter de telle sorte qu'il soit facile à comprendre par les gens. Je me suis dit que je pourrais toujours trouver un réviseur ou un éditeur pour corriger les petits détails. C'est pourquoi j'ai adopté comme devise personnelle l'expression: *«Ne vous spécialisez pas dans les petites choses.»*

Eh bien, je suis fier de vous annoncer que plus d'un million d'exemplaires de mon premier livre *Who Stole the American Dream?* ont été vendus en moins de trois ans. Combien d'exemplaires aurais-je vendus si j'avais cru mes critiques au lieu de croire en ma cause et en mes capacités? Je vais vous dire combien: ZÉRO!

La fabrication d'une légende vivante

Je suis persuadé que vous avez déjà entendu le nom Arnold Palmer. Depuis 1955, monsieur Palmer a remporté de nombreux tournois de golf professionnels, incluant quatre tournois des Maîtres. C'est une légende vivante et l'un des êtres les plus célèbres au monde.

Alors, quel a donc été le secret du succès de monsieur Palmer? Je suis bien forcé de croire que plus que tout autre facteur il y a sa foi inébranlable en ses capacités d'accomplir son travail jusqu'au bout. Tous ceux qui ont déjà vu Arnold Palmer frapper une balle de golf conviendront qu'il n'est pas le golfeur le plus gracieux à avoir joué dans un tournoi.

Mais quand il mettait en place une balle sur son premier tee... ou qu'il faisait un coup d'approche en vue d'obtenir un oiselet... il croyait qu'il allait frapper la balle exactement où il le voulait. Dans le jeu de golf, où l'assurance et la foi en soi-même sont irremplaçables, Arnold Palmer faisait la loi!

Même s'il a gagné des centaines de tournois et de prix, son bureau est simple et on n'y trouve presque pas de trophées, à part une petite coupe bosselée qu'il a reçue lors de sa première victoire chez les professionnels, à l'omnium canadien de 1955.

Le seul autre ornement dans son bureau est une petite plaque encadrée portant une inscription dont la pertinence peut servir à clore ce chapitre sur *Le pouvoir de croire*. Voici ce qu'on peut lire sur la plaque:

«*Si vous pensez que vous êtes battu, vous l'êtes.*
Si vous pensez que vous n'osez pas, vous n'oserez pas.
Si vous aimeriez gagner tout en pensant que vous ne le pouvez pas,
Il est presque certain que vous ne gagnerez pas.
Les batailles de la vie ne sont pas toujours remportées par la femme
Ou l'homme le plus fort.
Mais tôt ou tard, ceux qui gagnent
Sont ceux qui pensent qu'ils le peuvent.»

QUATRIÈME PRINCIPE:

Le courage d'agir

> *« Vous ne vous noyez pas parce que vous tombez dans l'eau.*
> *Vous vous noyez parce que vous y restez. »*
>
> — Edwin Louis Cole

Avez-vous déjà vu le film *Moscow on the Hudson*, mettant en vedette Robin Williams? C'est une ravissante comédie qui se déroule dans les années 1970, dont le sujet est un artiste de cirque russe qui demande le droit d'asile aux États-Unis alors que sa troupe est en tournée à New York.

Le personnage qu'incarne Robin Williams se nomme Vladimir, et lorsque nous le voyons pour la première fois, il joue du saxophone dans l'orchestre du cirque de Moscou. Bien qu'il soit au début de la trentaine, Vladimir vit à l'étroit avec ses parents dans un appartement délabré à Moscou. Son meilleur ami, Anatoly, est un clown de cirque qui rêve sans cesse de demander le droit d'asile en Amérique.

Les gestes parlent plus fort que les mots

Les deux hommes se retrouvent à New York quand le cirque de Moscou se produit au *Madison Square Garden*. Les deux amis sont éblouis par la richesse et la liberté dont jouissent les Nord-Américains, et le clown Anatoly parle presque constamment à son ami de son intention de demander le droit d'asile quand il en aura finalement la chance.

Le personnage de Robin Williams, Vladimir, rêve aussi de liberté, mais il n'a de cesse de rappeler à son ami les dures réalités qu'entraînerait le fait de demander le droit d'asile: ils ne parlent presque pas l'anglais... ils ont très peu d'argent... et les services secrets russes surveillent chacun de leurs gestes. S'ils essayaient de faire défection et échouaient, ils seraient emprisonnés à vie dans un camp de prisonniers en Sibérie.

Une ouverture se présente pour faire défection quand l'autobus qui les mène à l'aéroport fait un arrêt de 10 minutes pour des achats dans le grand magasin *Macy*. À la fin de cette brève période d'achats, tandis que les hommes des services secrets russes poussent la troupe du cirque vers la sortie, les regards des deux amis se croisent. Anatoly le clown jette un coup d'œil vers un agent du service secret qui a le dos tourné... et il jette ensuite un autre coup d'œil vers un garde de sécurité de *Macy*. C'est maintenant le temps d'agir!

Tout à coup, le personnage de Robin Williams se précipite vers le garde de sécurité, l'entoure de ses bras et crie: «JE FAIS DÉFECTION! AIDEZ-MOI! JE FAIS DÉFECTION!» Les hommes des services secrets essaient de le retenir mais le garde de sécurité de *Macy* demande de l'aide par radio à la police.

Une fois le calme revenu, nous voyons les hommes des services secrets essayer désespérément de persuader Vladimir de monter dans l'autobus avec le reste de la troupe. Mais le transfuge[1] refuse. Son rêve de vivre en Amérique se réalise finalement.

Le ciel ne vient jamais en aide à la personne qui ne se résout pas à agir

La caméra nous montre ensuite les autres artistes du cirque qui regardent fixement, d'un air grave, à travers les vitres de

---

1. N. du T.: Personne qui renie son pays dès qu'elle a réussi à échapper à sa juridiction ou à son pouvoir.

l'autobus. La caméra fait alors un pano-
ramique d'une brochette de visages
tristes avant de s'arrêter sur un visage
sillonné de larmes, appuyé contre la

«Le ciel n'aide jamais la personne qui n'AGIT PAS.»

– Sophocle

vitre. C'est celui du clown Anatoly qui n'a pas saisi l'occasion
quand elle se présentait.

La leçon de cette scène résume parfaitement le thème de ce
chapitre – LE COURAGE D'AGIR! Voyez-vous, Anatoly le
clown parlait fréquemment de demander le droit d'asile mais
quand l'occasion s'est vraiment présentée, il n'a pas eu le courage
d'agir en accord avec ses propres paroles.

D'autre part, le personnage de Robin Williams a laissé ses
gestes parler à sa place. Les deux hommes avaient le même rêve...
jouir de la liberté que l'Amérique a à offrir. À vrai dire, le rêve de
liberté d'Anatoly était probablement plus puissant que celui de
Vladimir.

Mais un seul des deux amis a fini par vivre son rêve... l'autre
non.

Un seul des deux amis est retourné vers une existence
d'oppression et de désespoir... l'autre non.

Un seul des deux amis a eu le courage d'agir... l'autre non.

« Le ciel n'aide jamais la personne qui n'AGIT PAS », observait le
philosophe grec Sophocle il y a plus de 2000 ans. Tout cela pour
vous montrer que certaines choses ne changent jamais... et que la
clef de la réussite aujourd'hui est la même qu'il y a 2000 ans. Et
cela restera vrai pour les deux prochains millénaires: les ACTIONS
parlent plus *fort que les paroles.* Cela a toujours été le cas... et ça le
sera toujours!

Vous savez qu'il est évident, pour toute personne dotée d'un
peu de bon sens, que rien ne se produit sans passer à l'action. «Pour
chaque action, il y a une réaction égale et opposée. » C'est là un des
axiomes de base de la physique élémentaire. Alors, laissez-moi vous
poser une question. Si c'est un fait notoire et une loi universelle que
rien ne se produit vraiment jusqu'à ce que quelqu'un agisse et

prenne des mesures... pourquoi donc alors tant de gens passent-ils autant de temps et consacrent-ils autant d'efforts à éviter d'agir, à se soustraire à l'action?

La procrastination : Une mort lente

Je peux répondre à cette question par un mot... un mot qu'un homme sage a surnommé un jour «l'assassin naturel de l'opportunité». Ce mot c'est la PROCRASTINATION! J'appelle la procrastination «la mort lente» car elle fait mourir lentement l'action au lieu de lui porter un seul coup fatal.

Tom Peters, dans son best-seller traitant du milieu des affaires, *Le Prix de l'excellence*, analyse des centaines d'entreprises dans le but de découvrir les principes clefs qui motivent les entreprises les mieux dirigées en Amérique. Après des années de recherches, Tom Peters a trouvé huit qualités que les grandes entreprises ont en commun. Parmi les huit, la qualité numéro un par excellence, selon les propres mots de monsieur Peters, est *«un penchant, un parti pris pour l'action»* En d'autres mots, les meilleures entreprises ne se contentent pas de se reposer sur leurs lauriers et de répéter qu'elles vont faire quelque chose – ELLES LE FONT!

Tom Peters poursuit en disant que la mentalité de gestion des entreprises médiocres est: «Étudions ce projet encore quelque temps... ce n'est pas mon département... reportons cette offre jusqu'au prochain semestre.»

Le cri de guerre des entreprises qui excellent est: «FAITES-LE, AJUSTEZ-LE, ESSAYEZ-LE – TOUT DE SUITE!»

Qu'en est-il de votre entreprise *VOUS INC.*? Avez-vous un «penchant pour l'action?» Cherchez-vous des excuses pour ne pas poursuivre vos efforts après avoir remporté un succès au lieu de chercher à accomplir quelque chose de plus? Ou bien êtes-vous un être qui a tendance à tout remettre au lendemain et qui n'a jamais fait face à un problème qui ne pouvait pas être remis jusqu'au lendemain?

Franchement, je n'ai jamais vraiment compris les gens qui font de la procrastination car je suis tout le contraire. Ma devise a toujours été: «À vos marques! Prêts? Partez!» Et quoique mon impulsivité me crée parfois des ennuis, du moins je ne mourrai jamais d'une mort lente à cause de la procrastination!

Plus tard? Pourquoi pas maintenant?

L'une des histoires classiques sur l'anti-procrastination a pour personnage principal, Benjamin S. Bull, l'homme qui a fondé et dirigé *Medal Gold Flour Company*. Au cours d'une réunion avec les cadres supérieurs de l'entreprise, monsieur Bull a demandé à un des cadres de lui faire un compte rendu de l'état des travaux d'un des projets favoris de Benjamin S. Bull.

Le cadre a dit que son service n'avait pas eu encore l'occasion de travailler sur ce projet, mais que ses collaborateurs et lui allaient s'en occuper *un jour prochain*. Monsieur Bull était un homme impatient et au comble de l'exaspération, il s'est levé d'un bond de la table de réunion, s'est penché vers le cadre saisi d'effroi et lui a dit: *« Un jour prochain? Pourquoi pas maintenant? »*

L'expression *« Un jour prochain? Pourquoi pas maintenant? »* a eu un impact si profond sur l'équipe de gestion de *Medal Gold* qu'elle a été immédiatement adoptée comme devise de l'entreprise. Elle est demeurée la devise de *Medal Gold* pendant plus de 50 ans!

Pour conclure, votre situation est plus avantageuse si *vous faites quelque chose* au lieu d'avoir à vous JUSTIFIER *de ne rien faire*. Alors pourquoi ne pas vous mettre à la tâche et faire quelque chose? Comme je le dis toujours: «L'ignorance qui brûle d'enthousiasme est préférable à des connaissances qu'on garde en veilleuse.» *«Faites-le, un point c'est tout! »*, dit l'annonce de *Nike*. Je suis absolument du même avis! FAITES-LE, UN POINT C'EST TOUT!

Je crois que les gens remettent les choses au lendemain car ils sentent que faire quelque chose est plus laborieux que d'éviter d'agir. Si les gens consacraient autant de temps à *agir* qu'ils le font à *réfléchir comment ils peuvent éviter d'agir*, ils seraient deux fois plus productifs en moitié moins de temps. Comme Abraham Lincoln aimait bien dire: *«Vous ne pouvez pas échapper aux responsabilités de demain en les évitant aujourd'hui.»*

Qu'avez-vous fait aujourd'hui?

J'ai découvert un poème anonyme sur la procrastination qui résume bien ce que je dis. Il s'intitule *Qu'est-ce que j'ai fait aujourd'hui?*

> *« Je ferai tellement de choses au cours des années à venir,*
> *Mais qu'est-ce que j'ai fait aujourd'hui?*
> *Je donnerai mon or en échange d'une somme princière,*
> *Mais qu'est-ce que j'ai donné aujourd'hui?*
> *Je bâtirai un château dans le ciel,*
> *Mais qu'ai-je donc construit aujourd'hui?*
> *Il est doux de se bercer de rêves de désœuvrement,*
> *Mais si ce n'est pas moi, qui donc accomplira la tâche?*
> *Oui, voici la question que chaque âme doit se poser:*
> *Qu'est-ce que j'ai fait aujourd'hui? »*

Qu'est-ce que j'ai fait aujourd'hui? Voilà un formidable poème, n'est-ce pas? Quand on y pense vraiment, aujourd'hui est le seul moment dont nous disposons pour accomplir quelque chose, car il n'existe aucune garantie que vous serez encore de ce monde demain!

Mon pasteur rappelle constamment à notre assemblée de fidèles l'importance de vivre l'instant présent par ces mots: *« Hier est un chèque annulé. Aujourd'hui représente des fonds en caisse. Demain est un billet à ordre. »*

Quand vous considérez le temps sous cet angle, vous prenez soudainement conscience que la seule chose que vous ayez en banque c'est le présent... vous feriez donc tout aussi bien d'en faire bon usage, en agissant aujourd'hui – TOUT DE SUITE! Cela me fait penser à l'annonce de *Black and Decker* à la télé qui montre un homme en train d'utiliser une perceuse électrique pour installer des étagères sur un mur. À la fin du message, l'annonceur dit: *« On retire plus de satisfaction à installer des choses qu'à remettre leur installation à plus tard. »*

Les petites actions s'additionnent pour donner de grands résultats

Je crois qu'une autre grande raison pourquoi tant de gens remettent au lendemain certaines choses à faire est qu'ils pensent devoir accomplir une tâche monumentale en une seule fois. Rien ne pourrait être plus éloigné de la vérité.

Ce qu'il y a de bien dans le fait d'agir est que les petites actions, avec le temps, peuvent vous faire obtenir de grands résultats! Au fil des prochaines pages, vous apprendrez comment de petites actions cohérentes peuvent produire de grands et importants résultats dans trois secteurs primordiaux de votre vie: votre argent, votre santé et votre temps.

Les petites épargnes s'additionnent pour donner une grosse pension

Premièrement, jetons un coup d'œil sur une façon de devenir plus riche que vous ne l'avez jamais imaginé auparavant en faisant le simple geste d'épargner un petit montant d'argent chaque mois! Imaginons que votre objectif est de prendre votre retraite avec un revenu de 50 000 dollars par année. Si vous commencez par épargner seulement 100 dollars par mois au début de la vingtaine – cela ne représente que 25 dollars par semaine – et que vous investissez ce montant dans des fonds communs de placement, à un taux d'intérêt de 12 à 15 pour cent par année... vous aurez accumulé plus d'un demi-million de dollars quand vous atteindrez 65 ans.

À 65 ans vous pourrez ensuite commencer à vivre de vos intérêts – lesquels pourraient se chiffrer à 50 ou 60 mille dollars par année – sans jamais avoir à toucher à votre capital. Et il aura simplement suffi que vous vous payiez à vous-même 100 dollars par mois, un

> *«Personne n'est jamais devenu gras en ne mangeant qu'un seul gros repas.»*
> **– Vieux proverbe chinois**

montant dont la plupart d'entre nous n'aurions même pas l'impression de nous priver si nous prenions l'habitude de mettre cet argent de côté avant de le dépenser.

Éliminez des kilos en trop en marchant

Examinons maintenant comment de petites actions quotidiennes cohérentes peuvent améliorer votre santé de façon spectaculaire. Supposons que, comme la plupart des Nord-Américains, vous pouviez vous permettre de perdre quelques kilos. Que diriez-vous s'il existait une façon simple de perdre du poids, d'être en forme physiquement et de prendre plaisir à y parvenir? Est-ce un projet susceptible de vous stimuler? Eh bien, il y a une façon et c'est quelque chose que nous faisons chaque jour. Ça s'appelle la marche. C'est facile... agréable... et c'est une excellente manière de perdre du poids et d'améliorer votre forme physique.

Prenez ceci en considération: Si vous vous promenez à bon pas pendant 20 ou 30 minutes, 6 jours par semaine, soit avant votre travail ou pendant votre pause-repas, et que vous remplacez votre friandise du milieu de l'après-midi par une pomme, vous pourriez perdre au moins 5... peut-être 10 kilos en l'espace d'un an!

Je dis cela pour vous démontrer qu'il n'est pas nécessaire que vous fassiez de grandes actions – comme de courir 15 kilomètres chaque jour et de vous nourrir exclusivement de carottes crues – pour perdre ce «pneu» autour de votre taille. Tout ce que vous avez à faire consiste à entreprendre de petites actions quotidiennes pour en retirer des avantages majeurs.

Comment ajouter un mois à votre année

Examinons un autre exemple comme quoi de petites actions peuvent rapporter de gros dividendes. Aimeriez-vous ajouter un autre mois à chaque année de votre vie? Impossible, vous dites? Aucunement. Écoutez bien ceci: Si vous mettiez votre réveil pour vous réveiller une demi-heure plus tôt, six jours par semaine, vous gagneriez trois heures de plus par semaine... trois heures que vous pourriez utiliser à lire, à faire de l'exercice ou à consacrer aux êtres qui vous sont chers.

Faites cela pendant 52 semaines par année et vous ajouterez 156 heures productives à votre année. *Cela équivaut à ajouter presque un mois de 40 heures par semaine à votre année!*

> «*J'ai découvert très jeune que je manquais 100 % des lancers que je n'effectuais PAS.*»
> – Wayne Gretzky

Réfléchissez-y pendant un instant. Au cours de toute votre vie, cette demi-heure additionnelle chaque jour ajoute presque quatre années de semaines de 40 heures de travail à votre vie! Que feriez-vous avec ce temps supplémentaire? De l'exercice? Jouer avec vos enfants? Travailler sur votre entreprise *VOUS INC.*? Comprenez-vous à quel point une action aussi petite soit-elle – comme de vous lever un peu plus tôt – peut ajouter plusieurs années à votre vie... et de la vie à vos ans? Voilà ce que je veux dire quand j'affirme que de petites actions cohérentes peuvent produire de grands résultats!

Un peu de temps perdu et beaucoup d'argent perdu

J'ai lu récemment un article dans une revue de gestion qui explique comment les petites actions peuvent prendre d'énormes proportions avec le temps. L'article racontait comment les gestionnaires de *Toyota* mettaient constamment en œuvre de nouvelles façons de rendre leurs opérations plus efficaces et plus rentables.

Le journaliste a noté que tous les travailleurs d'une usine de *Toyota* portaient une ceinture à outils en cuir à la taille. Il a calculé rapidement que si la ceinture à outils coûtait 20 dollars, la société dépensait au-dessus de 100 000 dollars par année pour que les travailleurs portent des ceintures à outils en cuir. Le journaliste a abordé l'un des directeurs de l'usine avec l'idée que l'entreprise pourrait épargner de l'argent en supprimant les ceintures à outils.

Le directeur a souri et a dit au journaliste que ces ceintures à outils étaient un des meilleurs investissements que l'usine avait faits. Voyez-vous, un ingénieur de *Toyota* avait calculé que si chaque travailleur chez *Toyota* échappait un tournevis une fois par jour... et ne prenait ensuite que quelques secondes pour le ramasser... cela coûterait à *Toyota* 115 millions par année en jours productifs perdus! Avec une ceinture à outils, il était peu probable que les travailleurs égarent des outils et consacrent un temps improductif à essayer de les retrouver. Les ceintures à outils ont peut-être coûté à *Toyota* des milliers de dollars... mais elles ont fait épargner des millions à l'entreprise!

N'est-ce pas une histoire étonnante? Auriez-vous pu imaginer qu'un

> *«La ténacité, c'est d'être capable d'effectuer un autre dur labeur même si vous êtes fatigué d'avoir accompli le dur labeur que vous venez tout juste de terminer.»*
>
> – Newt Gingrich

seul petit geste qu'on accomplit littéralement en quelques secondes – comme d'échapper et de ramasser un tournevis – pourrait atteindre le chiffre astronomique de 115 millions de dollars?

Tous ces exemples vous démontrent que vous pouvez obtenir de grands, d'importants résultats grâce à de petites actions cohérentes. La clé n'est pas l'ampleur de l'action ou du geste que vous posez. La clé consiste à entreprendre des actions cohérentes au fil du temps. Et comme le dit le vieil adage: «Comment vous y prenez-vous pour manger un éléphant? Une bouchée à la fois.»

Vous ne lancez pas, vous ne marquez pas un but

Quand un journaliste a demandé à Wayne Gretzky, le plus prolifique marqueur de la ligue nationale de hockey, quel était son secret pour avoir réussi à marquer plus de buts que quiconque dans l'histoire, Wayne a répondu: *«J'ai découvert très jeune que je manquais 100 % des lancers que je n'effectuais PAS.»*

En d'autres mots, si vous ne lancez pas, vous ne marquez pas de but. Il en va ainsi dans la vie comme dans le hockey. Si vous n'agissez pas, rien ne s'accomplit. Je le répète, rien, RIEN ne remplace l'action! Et plus vous agissez, plus vous obtenez de résultats.

Voyez-vous, cela coule de source: Si vous voulez être mince, vous devez faire ce que font les gens minces. Si vous voulez être riche, il vous faut faire ce que les gens riches font. Plus souvent qu'autrement, c'est leur parti pris de mettre en œuvre des choses, et non pas leur talent, qui distingue les grands manitous des petits. La vérité est qu'un grand manitou n'est rien de plus qu'un petit manitou qui n'arrête pas de «lancer au but»!

Le pouvoir de la ténacité

Il existe un mot pour décrire des actions quotidiennes persévérantes. Ce mot c'est la ténacité. Et c'est probablement l'un des mots les plus sous-utilisés et sous-estimés dans tout le dictionnaire. La meilleure définition que j'ai entendue de la ténacité est celle de Newt Gingrich: *«La ténacité, c'est d'être capable d'effectuer un autre dur labeur même si vous êtes fatigué d'avoir accompli le dur labeur que vous venez tout juste de terminer.* »

En d'autres mots, la ténacité n'est peut-être pas quelque chose de prestigieux, mais vous pouvez être sûr que grâce à elle le travail s'accomplit! Je pense que trop de Nord-Américains d'aujourd'hui surestiment le talent et sous-estiment la ténacité.

Nous pensons que seuls les gens très talentueux parviennent à être couronnés de succès dans ce pays, mais rien n'est plus loin de la vérité. Pour chaque personne très talentueuse qui réussit – comme Michael Jordan – il y en a des milliers d'autres qui réussissent grâce à leur intuition, leur détermination et leur ténacité.

> **«La ténacité n'est pas une longue course. Elle représente plusieurs petites courses l'une après l'autre.»**
> **– Anonyme**

Le colonel Sanders de *Poulet frit Kentucky* en est un parfait exemple. Ce n'est qu'après avoir pris sa retraite d'employé des chemins de fer que le colonel Sanders a créé son entreprise reconnue à travers le monde. Alors qu'il avait plus de 60 ans, il a commencé à marchander sa recette secrète de poulet à des restaurants partout dans le Sud des États-Unis. Pendant des mois et des mois, il a parcouru des milliers de kilomètres, s'arrêtant à chaque restaurant qu'il croisait au bord de la route pour voir si le propriétaire lui achèterait sa recette de poulet.

Plus souvent qu'autrement, le colonel Sanders finissait par dormir dans son auto car il n'avait pas les moyens de se payer une chambre de motel. Tout compte fait, la proposition du colonel Sanders a été rejetée par environ 500 endroits avant que le gentil propriétaire d'un restaurant le prenne en pitié et lui permette de faire la démonstration de son procédé.

Il existe de nos jours des milliers de franchises de *Poulet frit Kentucky* dans des centaines de pays à travers le monde. Vous ne pourriez pas affirmer que le colonel Sanders est devenu un nom connu de tous parce qu'il était le meilleur cuisinier du monde. Et il n'était pas non plus l'homme d'affaires le plus brillant dans le monde entier. S'il l'avait été, il aurait possédé la compagnie de chemins de fer qui l'a employé pendant plus de 40 ans.

Mais il était, sans l'ombre d'un doute, l'un des êtres les plus tenaces du monde. Et c'est sa ténacité, pas son talent, qui l'a mené au sommet de sa profession.

Un jour, un homme sage a fait la remarque suivante: «*La ténacité n'est pas une longue course. Elle représente plusieurs petites courses l'une après l'autre.*» Réfléchissez-y. Dans la confrontation entre le courant et le rocher, le courant gagne toujours. Pourquoi? Comme le dit William Shakespeare: «*Beaucoup de pluie use le marbre.*» À dire vrai, les efforts persistants et assidus triompheront toujours au bout du compte.

Le prince du maïs à éclater

Vous avez probablement entendu le nom Orville Redenbacher. C'était lui l'homme mince aux cheveux gris, portant un nœud papillon rouge, qui vendait son maïs à éclater à la télé. Monsieur Redenbacher a gagné des millions grâce à son pop-corn. Nous aimerions tous nous frayer un chemin vers la fortune et la célébrité en vendant quelque chose d'aussi profitable que du maïs à éclater. Mais ce que la plupart des gens ne savent pas c'est qu'il a fallu plus de 20 ans et 30 000 hybrides de pop-corn à Orville Redenbacher avant d'être capable de développer un maïs à éclater plus savoureux et plus léger.

Ce n'est pas la chance qui a fait la réussite de monsieur Redenbacher. Et ce n'était pas le fait de travailler vraiment dur pendant un seul mois, ou même une année, qui a fait la différence. Cela a été une action assidue, au fil du temps, qui a transformé Orville Redenbacher, de directeur d'une entreprise de pop-corn qu'il était en un multimillionnaire!

N'abandonnez jamais, ne cédez jamais

Il existe un conte folklorique chinois qui illustre à la perfection l'importance de la ténacité. Dans ce conte, un saint homme a un rêve dans lequel des anges l'emmènent visiter le ciel. Tandis que les anges escortent l'homme à travers le château céleste, ils croisent une vaste pièce où des cadeaux sont empilés jusqu'au plafond.

Le saint homme s'arrête et fixe la pièce du regard, ébloui par la variété et la beauté de la multitude de présents. *« Pourquoi donc tous ces jolis cadeaux sont-ils empilés dans cette pièce ? »* demande le saint homme aux anges.

Un bel ange très jeune s'avance et explique en soupirant tristement : *« Voici la pièce où nous entreposons les choses pour lesquelles les gens ont prié... mais, malheureusement, ils cessent de prier juste avant que leurs présents ne leur soient livrés. »*

Vous savez, quand je vois des gens renoncer à eux-mêmes et à leurs rêves au moindre revers, ma première réaction en est une de tristesse, tout comme l'ange dans le conte folklorique chinois. Mais la tristesse fait bientôt place à de la frustration... car je déteste voir des gens capables renoncer et se soumettre. Je crois que si plus de gens *comprenaient pleinement le pouvoir de la ténacité*, nous accomplirions davantage en tant qu'individus et comme nation que tout ce que la plupart d'entre nous avons jamais rêvé !

Calvin Coolidge a compris pleinement l'importance de la ténacité, et sa brève dissertation sur la ténacité vaut la peine d'être reproduite :

> *« Rien au monde ne peut prendre la place de la ténacité. Le talent ne prendra pas cette place ; rien n'est plus courant que des gens qui ont du talent et qui ne réussissent pas. Le génie ne prendra pas cette place non plus ; le génie non récompensé est presque un proverbe. L'éducation ne prendra pas cette place ; le monde est rempli de ratés instruits. Seules la ténacité et la détermination sont toutes-puissantes. Le slogan PERSÉVÉREZ a résolu et résoudra toujours les problèmes de la race humaine. »*

L'échec n'était pas une option

Rich DeVos et Jay Van Andel, cofondateurs de *Amway Corporation*, l'une des plus importantes entreprises privées aux États-Unis, sont des témoignages vivants de la remarque de Calvin Coolidge selon laquelle la ténacité est le meilleur moyen d'atteindre vos objectifs. Au tout début de leur entreprise, Rich et Jay tenaient des rencontres de vente le soir. L'une de leurs premières rencontres devait avoir lieu à Lansing, dans le Michigan, et les associés laborieux ont passé presque deux jours à promouvoir l'événement.

> *«Vous pouvez faire de l'argent ou vous pouvez faire des excuses. Mais vous ne pouvez tout simplement pas faire les deux en même temps.»*
>
> **– Anonyme**

Ils ont fait passer des annonces à la radio... ils ont fait mettre des avis dans les journaux... ils ont distribué des brochures sur le coin de rue le plus achalandé à l'heure du midi. Ils ont accompli jusqu'au bout leur devoir et ils étaient fin prêts pour le grand événement qui allait se dérouler dans une salle de plus de 200 places qu'ils avaient louée pour la soirée.

Eh bien, le soir du grand événement, deux personnes seulement se sont présentées! Pouvez-vous imaginer, tout ce travail... tout cet argent... et seulement deux personnes sont fidèles au rendez-vous. Jay et Rich n'étaient pas seulement désappointés. ILS ÉTAIENT FOUDROYÉS! *«Que se passe-t-il donc ici?»* se sont-ils demandés à eux-mêmes. *«Est-ce que nous nous cognons la tête sur un mur pour rien... ou bien n'était-ce qu'une seule bataille d'une longue guerre? Notre rêve de bâtir une entreprise internationale pourrait-il se réaliser? Ou bien sommes-nous des adultes qui auraient dû être mieux avisés en ne partant pas à la poursuite d'un rêve inatteignable?»*

Voici ce que Rich DeVos avait à dire au sujet de cette soirée dans son livre à succès *Croyez!*: *«Avez-vous déjà prononcé un discours pour secouer les gens et leur montrer ce dont vous êtes capable devant 2 personnes seulement, dans une salle de 200 sièges? Et avez-vous dû reprendre ensuite la route vers la maison à 2 heures du matin parce que vous ne pouviez pas vous payer un motel? Dans des situations comme celles-là, nuit après nuit, de deux choses l'une: ou bien vous abandonnez, ou bien vous persévérez. Nous avons persévéré.»*

Parce que Rich DeVos et Jay Van Andel ont choisi de persister dans leur rêve, ils sont aujourd'hui deux des personnes les plus riches en Amérique, valant des milliards de dollars chacun! Cela prouve assurément que la ténacité est rentable AU MAXIMUM!

Faire des excuses par opposition à faire de l'argent

Si les fondateurs d'*Amway* cherchaient une excuse pour renoncer à leur rêve, cet incident à Lansing, au Michigan, il y a plusieurs années de cela, aurait été l'excuse parfaite. Mais ils ne cherchaient pas d'excuses... ils cherchaient des résultats. Comme une personne sage l'a dit un jour: «*Vous pouvez faire de l'argent ou vous pouvez faire des excuses. Mais vous ne pouvez tout simplement pas faire les deux en même temps.*»

Je sais très bien que la plupart des gens ont des excuses toutes faites pour expliquer pourquoi ils ne peuvent pas se lever une heure plus tôt le matin... ou pourquoi ils sont incapables d'épargner 10 % de leur salaire chaque mois... ou pourquoi ils ne peuvent pas perdre de poids... ou bien pourquoi ils ne peuvent pas faire de l'exercice. Croyez-en mon expérience: La personne qui veut vraiment agir y parvient; les autres vont chercher une excuse.

Qu'en est-il de vous? Vous êtes-vous engagé à obtenir ce que vous voulez de la vie en accomplissant des actions quotidiennes simples et assidues pour améliorer votre entreprise *VOUS INC.*? Êtes-vous disposé à devenir persévérant dans vos efforts pour être meilleur dans tous les secteurs de votre vie? Ou bien êtes-vous comme tant de gens qui se donnent des excuses pour justifier pourquoi leurs cartes de crédit sont à leur maximum... ou bien comme ceux-là qui cherchent à justifier pourquoi ils ont 20 kilos en trop?

Comprenez-moi bien, cela fait partie de la nature humaine de chercher des excuses pour justifier un échec, au lieu de se ressaisir quand les temps sont difficiles et accomplir ce que vous devez faire pour obtenir ce que vous voulez vraiment.

Mais les excuses ne défraient pas l'hypothèque.

Les excuses ne réduisent pas votre tour de taille.

Les excuses n'améliorent pas de façon spectaculaire votre entreprise *VOUS INC.*

Ce ne sont pas les excuses qui font en sorte que le travail s'accomplit... et ce ne sera jamais le cas. Seules la ténacité et la détermination font en sorte que le travail s'accomplit. Je répète constamment ceci: «*Il y a des raisons... et il y a des résultats. Et les raisons ne comptent pas!*»

Il n'y a pas d'excuses dans le temple de la renommée

Pensez-vous que Hank Aaron aurait fracassé le record de coups de circuit de Babe Ruth s'il s'était déclaré malade chaque fois que son épaule lui faisait mal? Croyez-vous que Cal Ripken fils aurait brisé le record de Lou Gehrig, celui du plus grand nombre de parties consécutives jouées, s'il ne s'était pas présenté à la partie chaque fois qu'il avait un mauvais rhume ou une entorse? Absolument pas!

Messieurs Ruth et Ripken ont établi des records car pour eux le fait de poser des gestes et d'accomplir leur tâche jusqu'au bout était prioritaire, au lieu de se défiler en se trouvant des excuses. Ces deux personnages légendaires n'ont jamais évité d'agir sous prétexte que cela exigeait trop d'effort.

Ils étaient heureux d'agir, de poser des gestes car cela sollicitait leurs talents physiques et leur force de caractère. Voilà peut-être pourquoi Babe Ruth est membre du temple de la renommée et que la destinée de Cal Ripken sera associée à Copperstown quand il prendra sa retraite!

Ne laissez pas les regrets prendre la place de vos rêves

Au début de ce chapitre, j'ai partagé avec vous l'histoire de Vladimir, le joueur de saxophone et d'Anatoly le clown. Les deux hommes ont débuté au même endroit, en travaillant pour le cirque de Moscou. Mais malheureusement, leur aventure ne s'est pas terminée au même endroit! Celui qui a eu le courage d'agir, Vladimir, a fini par être libre de façonner sa propre destinée en Amérique.

Celui qui n'a pas eu le courage d'agir, Anatoly le clown, s'est retrouvé à nouveau en Union soviétique, à vivre une existence morne, pleine de médiocrité, de répression, de frustration et de souffrance.

Mes amis, ne vous laissez pas devenir semblables à Anatoly le clown, qui avait l'occasion de changer le cours de sa vie... et qui ne l'a pas fait. Ne laissez pas vos regrets prendre la place de vos rêves.

Ayez le courage de prendre le contrôle de votre vie.

Ayez le courage de prendre la responsabilité de votre destinée.

Ayez le courage... D'AGIR!

CINQUIÈME PRINCIPE:

Tout est dans l'attitude

« Personne n'a jamais développé de fatigue oculaire à force de regarder le bon côté des choses. »

— Anonyme

Un de mes amis a l'habitude de dire: *« Tous les êtres projettent de la lumière dans une pièce. Certains quand ils y entrent... d'autres quand ils la quittent. »*

J'aime cette idée car c'est une de ces petites vérités qui peuvent nous rejoindre tous dans nos vies. Nous aimons les gens joyeux et optimistes car ils projettent de la lumière sur nos vies grâce à leur enthousiasme positif et à leur passion.

Nous aimons leur compagnie car leur attitude est contagieuse et nous voulons «contracter» ce comportement! Il n'y a pas à en douter une seule seconde: les gens qui adoptent des attitudes formidables projettent de la lumière dans une pièce quand ils y entrent!

Nous connaissons également des gens qui ont une tout autre attitude. Je parle ici de ces personnes amères et négatives qui prennent plaisir à nous mettre des bâtons dans les roues. Malheureusement, leur attitude peut se «contracter» aussi car elle est contagieuse. Il semble que les gens qui ont de mauvaises attitudes ne sont pas heureux tant et aussi longtemps qu'ils ne sont pas malheureux. Ils jettent de la lumière dans une pièce *quand ils la quittent* car ils emportent avec eux la triste opinion qu'ils ont de ce monde.

Ce que vous voyez, vous l'obtenez tel quel

L'une de mes histoires préférées concernant les attitudes est celle d'un vieil homme sage, vivant dans l'Europe du XVIIIe siècle, dont le travail consistait à accueillir les nouveaux visiteurs d'une ville méditerranéenne très animée, située sur une route de commerce affairée.

Les voyageurs qui entraient dans la ville s'arrêtaient pour demander au vieil homme comment se rendre à tel ou tel endroit et pour s'enquérir des possibilités de travail. Un jour, un voyageur s'est arrêté à l'entrée de la ville et a demandé à notre sage: «*Vieil homme, à quoi donc ressemblent les gens de votre ville?*»

Le vieil homme a marqué un temps pour se gratter la tête avant de répliquer: «*À quoi donc ressemblaient les gens de la ville d'où vous venez?*»

Le voyageur a alors froncé les sourcils et a répondu sèchement: «*À de très mauvais sujets! Ils sont mesquins, cupides et malhonnêtes.*»

– *Eh bien*», a répliqué le vieil homme en hochant la tête, «*vous trouverez le même genre de gens dans notre ville. Vous ne pourrez pas dire que je ne vous ai pas averti.*»

Environ une heure plus tard, un autre voyageur s'est approché des portes de la ville. À en juger par son habillement et les traits de son visage, ce voyageur semblait être le jeune frère du précédent.

Le vieil homme a parlé le premier, disant: «*D'après votre apparence, jeune homme, je crois que c'est votre frère à qui j'ai parlé tout à l'heure. Le cherchez-vous?*»

Le jeune homme a alors souri et a fait non de la tête en disant: «*Non, jamais de la vie, vieil homme. Voyez-vous, mon frère est très revêche et rempli de rancœur. Je suis triste de dire que sa compagnie ne me manque absolument pas.*»

Le jeune homme s'est approché plus près du vieil homme, lui a tendu la main et lui a demandé: «*Si vous pouviez répondre à ma question, vieil homme, je vous en serais éternellement redevable. À en juger par votre âge, vous devez connaître beaucoup de gens dans cette ville. D'après votre opinion personnelle, monsieur, à quoi donc ressemblent les habitants de votre ville?* »

Le vieil homme a fait une pause pour se gratter la tête avant de répondre: «*À quoi donc ressemblaient les gens de la ville d'où vous venez?* »

Le voyageur a souri et a répliqué d'une voix joyeuse: «*Oh, il n'existe pas de gens plus admirables. À mes yeux, ils sont honnêtes, travailleurs et généreux à l'excès. J'étais déçu de quitter cette ville, mais le manque d'opportunités m'a forcé de chercher fortune ailleurs.* »

– *Eh bien*», a répliqué le vieil homme dans un sourire, «*vous allez trouver des gens semblables dans notre cité. Nous vous accueillons les bras ouverts!* »

La morale de cette histoire est que quand il s'agit d'attitude, vous obtenez ce que vous **choisissez de voir**. Les gens qui ont de mauvaises attitudes choisissent de **regarder le monde à travers des lunettes noires**, teintées de cynisme; à cause de cela, la plupart du temps, ils ne voient autour d'eux que des individus à l'air louche, blottis dans l'ombre.

D'autre part, les gens qui adoptent de bonnes attitudes choisissent de regarder le monde à travers des lunettes de couleur rose, teintées d'optimisme; le plus souvent, ils voient des gens amicaux en train de rire et de jouer en plein soleil.

Certaines personnes ne sont jamais heureuses

Jouer au golf est l'exemple parfait pour expliquer comment votre attitude peut ajouter de la couleur à votre vision du monde. Si vous avez déjà joué au golf, vous savez exactement de quoi je parle. J'aime jouer au golf et je joue souvent avec des golfeurs qui sont bien meilleurs que moi. Plusieurs de mes amis font le parcours en 70 coups. Pour ma part, il y a plus de chances que je complète le parcours en plus de 80 coups.

Mais même quand je joue très mal et que je fais le parcours en plus de 90 coups, je trouve quand même le moyen d'y prendre plaisir. À mes yeux, le fait d'obtenir un bon score ne représente qu'une petite partie du plaisir que le golf a à nous offrir. L'autre partie consiste à profiter de la beauté de la nature... à prendre plaisir à la compagnie d'amis... ou à savourer l'excitation de frapper un extraordinaire coup droit long et appuyé ou de réussir un long coup d'approche.

Cependant, certains de mes amis se sentent misérables si tout ne va pas selon leurs souhaits! S'ils réalisent la normale, ils grognent parce qu'ils ont raté l'occasion de faire un coup de moins que la normale. S'ils font un parcours de 38 coups lors du premier neuf, ils ne sont pas contents car ils n'ont pas réussi à le faire en 36 coups. Aussi étonnant que cela puisse paraître, certaines personnes pourraient jouer sur le plus beau parcours de golf du monde, pendant la plus belle journée de l'année, et se sentir quand même misérables!

C'est ce que je veux dire quand je vous affirme que le choix vous appartient de porter ou bien des lunettes noires reflétant le cynisme... ou bien des lunettes lumineuses propageant l'optimisme. Vous – et vous seulement – déterminez la vision du monde de votre entreprise *VOUS INC.*

Jetons maintenant un coup d'œil de plus près à cette chose appelée « l'attitude » pour voir ce que c'est vraiment... et examinons ensuite comment votre attitude peut influer de façon spectaculaire sur la valeur de *VOUS INC.*

La définition de l'attitude

On peut définir une attitude comme étant *« un filtre mental à travers lequel nous traitons nos pensées et notre façon de voir le monde »*. Étant donné qu'une personne moyenne a 50 000 pensées distinctes chaque jour, il est évident que l'expression *tout est dans l'attitude* est vraie, c'est certain!

Les gens qui filtrent leurs pensées à travers un tamis négatif perçoivent le monde comme un endroit obscur et menaçant, peuplé de pessimisme et de ténèbres.

Filtrez ces mêmes pensées à travers un tamis positif et le monde devient un endroit éclatant et rempli d'aventures, débordant de surprises et d'opportunités.

Par conséquent, qu'est-ce que cela signifie quand nous disons que quelqu'un a eu une attitude positive ou une bonne attitude par opposition à une attitude négative ou une mauvaise attitude? Prenons quelques instants pour comparer et mettre en contraste certains traits communs des personnes qui ont de bonnes et de mauvaises attitudes, afin d'avoir une meilleure compréhension de ce qu'est une attitude et comment elle influe non seulement sur nous-mêmes mais aussi sur tous les gens autour de nous.

Une bonne attitude par opposition à une mauvaise attitude

Voici ma liste de comparaisons entre les mauvaises et les bonnes attitudes:

Une mauvaise attitude jette le blâme sur les autres quand les choses tournent mal.

Une bonne attitude assume la responsabilité de ses erreurs.

Une mauvaise attitude cherche des excuses.

Une bonne attitude obtient des résultats.

Une mauvaise attitude dit: «Allez-y!»

Une bonne attitude dit: «Allons-y ENSEMBLE!»

Une mauvaise attitude considère la vie comme une épreuve à endurer.

Une bonne attitude voit la vie comme une aventure à savourer pleinement.

Une mauvaise attitude regarde un rosier et n'y voit que les épines.

Une bonne attitude regarde au-delà des épines et voit les roses.

Après avoir parcouru cette liste, je vous demande maintenant avec quel genre de personne préféreriez-vous travailler? Une personne ayant une bonne attitude ou une personne ayant une mauvaise attitude? Je dirais même plus, laquelle de ces personnes préféreriez-vous être? Celle avec une bonne attitude ou celle avec une mauvaise attitude?

Des histoires vraies démontrent que tout est dans l'attitude

Laissez-moi partager avec vous certaines histoires vraies qui illustrent à la perfection pourquoi une bonne attitude est non seulement importante mais essentielle pour améliorer votre juste valeur marchande! Ces histoires dépeignent un portrait très net qui nous remet en mémoire cette vérité toute simple: Une bonne attitude peut parfois s'avérer la seule chose qui fait la différence entre une tragédie et un triomphe.

La mission *Apollo 13*

La première histoire concerne la mission *Apollo 13* vers la lune, en 1970. Très peu de gens se souviennent à quel point l'équipage a failli rester en panne dans l'espace quand le véhicule spatial *Apollo 13* a connu plusieurs pannes en plein vol. Puis en 1995, la version filmée de la mission d'*Apollo 13* a reconstitué brillamment le drame et les gestes héroïques entourant cet événement.

La mission *Apollo 13* vers la lune était déjà bien entamée et progressait conformément à l'horaire quand l'explosion d'un réservoir d'oxygène a coupé le courant électrique du module de commande. Soudainement, il existait une possibilité très réelle que les trois hommes de l'équipage restent en panne dans l'espace, à 150 000 kilomètres de la terre, sans aucun espoir d'être rescapés.

Quelques minutes après la première explosion, la situation est devenue encore pire, alors qu'un système après l'autre dans le véhicule spatial est tombé en panne. À *Mission Control* dans la ville de Houston, plusieurs scientifiques fixaient leurs écrans, en état de choc et n'en croyant pas leurs yeux. Le contrôle central était sur le bord de la panique!

Seul le travail prompt et rapide du directeur de vol, Gene Krantz, est parvenu à garder l'équipe ensemble, tandis qu'une pièce de l'équipement après l'autre tombait en panne. Gene Krantz a calmé les scientifiques pris de panique et a rassuré l'équipe de vol abasourdie avec cette seule phrase: *«Dites-moi ce qui fonctionne bien dans le véhicule spatial?»*

Cette question a recentré l'attention du groupe et l'a amené à penser en termes de *ce qui fonctionnait plutôt que de ce qui était en panne.* Cette question a changé l'attitude du groupe, laquelle est passée de «nous sommes perdus» à «mettons en commun nos connaissances et trouvons un plan pour sauver notre mission.»

Énoncé de mission pour une bonne attitude

Essentiellement, la question: *«Dites-moi ce qui fonctionne bien dans le véhicule spatial?»* pourrait servir d'énoncé de mission pour une bonne attitude. Le pouvoir de la question de Gene Krantz est qu'elle mettait au défi tous les gens impliqués dans cette mission *Apollo 13* de devenir une partie de la solution plutôt qu'une partie du problème!

Cette histoire prouve qu'en périodes de crise une attitude positive est non seulement importante mais absolument cruciale! En concentrant notre attention sur les éléments positifs plutôt que sur les négatifs quand nous subissons des revers – qu'ils soient financiers, physiques ou émotionnels – nous nous mettons en position de devenir des gagnants au lieu d'être des perdants.

Une invention extraordinaire sauvée par l'attitude de Thomas Edison

Thomas Edison, le grand inventeur américain, est un autre exemple de ce qui peut arriver quand nous nous concentrons sur les éléments positifs plutôt que sur les négatifs quand nous éprouvons des revers.

Lorsque Thomas Edison avait 67 ans, son laboratoire a été pratiquement détruit par un feu éclaté à une heure avancée de la nuit, et la plus grande partie de l'œuvre de toute sa vie s'est consumée dans l'incendie. Pour empirer les choses, les immeubles

> *«Mes amis, un désastre recèle souvent une grande valeur. Regardez, toutes nos erreurs se sont envolées en fumée. Remercions Dieu de pouvoir recommencer à neuf.»*
>
> **– Thomas Edison, après qu'un incendie ait complètement brûlé son laboratoire**

n'étaient assurés que pour 238 000 $, même si les dommages excédaient 2 millions de dollars!

Le matin suivant, monsieur Edison a marché sur le terrain promenant son regard sur les ruines fumantes. Des amis et des membres de sa famille se sont rassemblés autour du vieil homme, lui témoignant leurs regrets et leur sympathie. Thomas Edison a réuni tous les autres visiteurs à ses côtés et il a apaisé leur inquiétude par ces mots: *«Mes amis, un désastre recèle souvent une grande valeur. Regardez, toutes nos erreurs se sont envolées en fumée. Remercions Dieu de pouvoir recommencer à neuf.»*

Pensez-y un instant, si Thomas Edison avait adopté une attitude négative au lieu d'une attitude positive, il aurait pu utiliser le feu comme une excuse pour renoncer, et le monde aurait passé à côté d'une de ses plus grandes inventions.

Car comme par miracle, seulement trois semaines après l'incendie, Thomas Edison a fait connaître une invention qui allait apporter du plaisir à des centaines de millions de personnes... une invention qui allait un jour révolutionner l'industrie du spectacle. Cette invention était le premier phonographe du monde!

Oh! quel merveilleux matin!

Oscar Hammerstein, le grand parolier américain qui a collaboré à de nombreuses comédies musicales classiques comme *Oklahoma* et *The King and I* (Le roi et moi) a résumé le pouvoir d'une excellente attitude en ces mots: *«Je sais que le monde est rempli de problèmes et de tellement d'injustices. Mais la réalité est aussi belle qu'elle est laide. Je crois qu'il est tout aussi important de chanter les merveilleux matins que de parler des quartiers pauvres. Je ne pourrais tout simplement pas écrire quoi que ce soit sans y ajouter de l'espoir.»*

Un surhomme dans la vraie vie

La dernière histoire que je veux vous raconter est celle d'un héros tragique, car elle implique un homme qui a joué le rôle de *Superman* au cinéma, Christopher Reeve.

De bien des façons, monsieur Reeve était un surhomme dans la vraie vie, il était énergique et athlétique. Il était un acteur accompli. Il pilotait son propre jet. Il était un expert en ski. Il possédait des chevaux et a participé à des concours équestres à proximité de chez lui, en Virginie.

Tragiquement, le 27 mai 1995, tout cela a changé lors d'une compétition équestre. Christopher Reeve était sur le point de franchir une haie avec son pur sang quand le cheval s'est arrêté dans son élan. Christopher était penché vers l'avant en train de se préparer pour le saut et, quand le cheval s'est arrêté tout court, Christopher Reeve a été projeté violemment en bas du cheval.

Il est tombé tête première sur le sol et il a perdu conscience. Quand les ambulanciers sont arrivés, il était complètement affaissé comme si la vie l'avait quitté. La chute avait endommagé sa moelle épinière, le laissant totalement paralysé, incapable de bouger ses bras et ses jambes, ou même de respirer sans l'aide d'un respirateur.

Se bâtir une nouvelle vie tout en faisant une différence

Eh bien, s'il existait une excuse pour renoncer à la vie, ne seriez-vous pas d'accord pour dire que la paralysie totale serait alors une des meilleures excuses possible? Eh oui, il y a eu un bref moment après son accident au cours duquel Christopher Reeve a voulu renoncer à la vie et en finir.

Mais quand il a pris conscience des témoignages d'amour et de soutien de sa famille et de ses amis, le côté positif en lui a pris le dessus. Christopher Reeve a fait le choix de tirer le meilleur parti de sa situation. Il a choisi de transformer une situation négative en une situation positive.

Aujourd'hui, il concentre son attention sur ce qu'il PEUT faire plutôt que sur ses limites, et il concentre ses efforts à réunir des fonds pour trouver un remède aux traumatismes de la colonne vertébrale. Dans ses propres mots, il consacre sa vie à en aider d'autres moins privilégiés que lui, et il se sent chanceux d'être dans une position où il peut exercer une influence positive.

> *«Vos amis vont élargir votre vision... ou étouffer vos rêves.»*
> **– Anonyme**

Quand j'entends des histoires comme celles-là, je suis bien forcé de vous demander: «Si quelqu'un comme Thomas Edison est capable de trouver du bon dans une catastrophe... et si un homme comme Christopher Reeve peut demeurer optimiste face à une tragédie qui bouleverse entièrement sa vie, comment donc d'autres gens peuvent-ils se justifier de se plaindre et de pleurnicher à propos d'événements insignifiants dans leur vie quotidienne?»

N'est-il pas étonnant de constater à quel point bien des gens se permettent de se fâcher et de se montrer contrariés au sujet de petits désagréments, comme de se retrouver coincés dans un bouchon de circulation... ou bien d'avoir à sortir les ordures? Il est déplorable de se rendre compte que trop de gens parmi nous s'enferment dans les petits problèmes quotidiens de leur petit coin de pays, et ils perdent la notion de ce que la vie représente vraiment.

Voir les choses comme elles sont

Vous pensez peut-être que les temps sont difficiles et que vous avez la vie dure, mais quel est donc votre point de comparaison? Vous pensez peut-être que vous n'êtes pas très chanceux, mais en vous comparant à qui? Bien sûr, des tempêtes traversent chacune de nos vies de temps à autre. Nous ne pouvons pas contrôler le vent, cela va de soi. Mais nous pouvons ajuster les voiles.

Soyons honnêtes avec nous-mêmes en voyant les choses comme elles sont: Est-il vraiment plus difficile d'être une mère célibataire aujourd'hui travaillant chez *McDonald's* que d'avoir été l'épouse d'un immigrant travaillant dans les parcs à bestiaux, à Chicago en 1915? Est-il vraiment plus difficile aujourd'hui de perdre un emploi lors de la compression des effectifs d'une entreprise que d'avoir été un fermier dans l'Oklahoma pendant les années du Dust Bowl[1]?

---

1. N. du T.: La destruction des sols sur d'immenses surfaces situées au Texas, en Oklahoma, la partie orientale du Colorado et les deux Dakota a fait suite à brève échéance au défrichement de la prairie. Des périodes de sécheresse prolongée provoquèrent une érosion éolienne accélérée, dans ces fameux dust bowls (bols de poussière), en particulier au cours des années 30.

Oui, la vie peut être injuste. De vilaines choses arrivent à de bonnes gens. Mais il est également vrai que le fait de s'en plaindre n'arrange aucunement les choses. À vrai dire, se plaindre

> **«Vous pouvez devenir meilleur... ou vous pouvez devenir amer.»**
> **– Anonyme**

empire les choses car cela valide ce qui est négatif au lieu de rechercher le positif.

La célébration de la journée nationale des pleurnichards

Je crois fermement que ce pays se trouverait dans de bien meilleures conditions si nous nous débarrassions une fois pour toutes de toutes nos plaintes superflues pour nous concentrer tous à rendre nos vies plus productives. Un pasteur méthodiste, le révérend Kevin Zaborney, est même allé jusqu'à organiser une journée nationale des pleurnichards en 1986. Le révérend Zaborney suggère que nous choisissions le lendemain de Noël pour y exprimer ouvertement toutes nos plaintes afin de mieux nous préparer à la venue de la nouvelle année.

Le pasteur se moquait de notre préoccupation nationale qui ne cesse de grandir, celle de nous plaindre et de nous lamenter, bien sûr. Mais ce concept est rempli de bon sens: Consacrer toute une journée à s'apitoyer sur les choses négatives afin que nous puissions être positifs les autres 364 jours de l'année!

Vous pouvez devenir meilleur... ou vous pouvez devenir amer

Je vous prie de prendre conscience que ce chapitre n'a pas pour but d'expliquer pourquoi une personne adopte une attitude positive par opposition à une attitude négative. Je ne prétends pas être un psychiatre. Mon but dans ce programme n'est pas d'analyser les causes. Mon but est de vous encourager à comprendre plus pleinement quels sont les énormes avantages à retirer quand on adopte une attitude positive, et de vous faire prendre conscience que vous, et rien que vous, avez le contrôle de votre attitude. Et comme le dit le vieil adage: *«Vous pouvez devenir meilleur... ou vous pouvez devenir amer.»* Je préfère ce qui est meilleur à ce qui est amer n'importe quand, qu'en est-il de vous?

Dans la vie, vous n'avez aucun contrôle sur bien des choses. Par exemple, vous n'avez aucun contrôle sur votre taille. Vous ne pouvez pas contrôler la couleur de vos yeux ou de votre peau. Ces traits caractéristiques sont héréditaires. Ils sont déterminés par vos gènes, et vous ne pouvez rien faire pour changer cela. Vous feriez donc mieux de les accepter.

Vos amis sont votre conseil d'administration

Mais, Dieu merci, vous pouvez choisir votre attitude. Vous pouvez choisir ce qui nourrit votre esprit, comme les livres que vous lisez et les émissions de télé que vous regardez. Vous pouvez choisir vos amis. Vous pouvez choisir quels sont les gens que vous écouterez et que vous prendrez pour modèles et ceux que vous ignorerez.

Une personne sage a dit un jour: *«Vos amis vont élargir votre vision... ou étouffer vos rêves.»* Voilà pourquoi il est important que vous choisissiez vos amis avec soin.

Choisissez vos amis avec beaucoup de soin

> *«Un miroir reflète le visage d'un homme, mais on le découvre vraiment grâce au genre d'amis qu'il choisit.»*
>
> **– La Bible vivante, Proverbes 28**

Tout comme une entreprise florissante doit choisir avec soin son conseil d'administration, vous devez choisir avec soin qui siège au conseil d'administration de votre entreprise personnelle – *YOU INC.*

Je n'insisterai jamais assez sur l'importance de choisir des amis qui ont de bonnes attitudes pour siéger sur votre conseil d'administration. Pouvez-vous imaginer une entreprise *Fortune 500* choisissant un individu, pour siéger sur son conseil d'administration, ayant une consommation excessive d'alcool, rejetant constamment le blâme sur quelqu'un d'autre pour ses problèmes? Jamais de la vie! Les entreprises prospères sont à la recherche de directeurs couronnés de succès qui ont les capacités et les contacts qui peuvent aider à rendre une bonne entreprise encore meilleure.

Cela n'est-il pas on ne peut plus sensé de traiter *VOUS INC.* de la même façon? Si vous fréquentez des gens qui ont de mauvaises attitudes, attendez-vous à adopter de mauvaises attitudes! Si vous vous tenez avec des ivrognes et des perdants qui n'ont pas grandi personnellement ou professionnellement depuis l'école secondaire, cela en dit long sur votre compte!

Dans les Proverbes 28 de la Bible vivante, on le dit de cette façon: *«Un miroir reflète le visage d'un homme, mais on le découvre vraiment grâce au genre d'amis qu'il choisit.»*

J'ai entendu ma mère dire la même chose des milliers de fois dans des mots légèrement différents: *«Dis-moi qui tu fréquentes et je te dirai qui tu es.»* Peu importe comment vous le dites, cela revient au même. On vous identifie à la personne avec laquelle vous vous associez. Donc si vous voulez devenir une meilleure personne, associez-vous avec de meilleures personnes.

> *«Il n'y a qu'une petite différence entre les gens mais cette dernière peut en faire une grande. La petite différence réside dans l'attitude. Il reste à savoir si cette attitude est positive ou négative, voilà la grande différence.»*
> – W. Clement Stone

Chassez de votre vie les gens malsains

Si vous êtes sincère lorsque vous voulez améliorer de façon spectaculaire la valeur de *VOUS INC.* dans tous les secteurs de votre vie, vous devez choisir vos amis avec soin. Si certains de vos soi-disant «amis» ont des attitudes négatives et de mauvaises habitudes qui vous freinent, il vous faut les bannir de votre vie.

Les gens qui ont de mauvaises attitudes, je les appelle des «gens malsains», et de la même façon que vous prendriez des précautions spéciales pour débarrasser votre maison de produits chimiques toxiques avant qu'ils ne blessent votre famille et vous, vous devez faire la même chose dans votre vie avec les gens malsains!

Cela ne veut pas dire que vous ne devriez pas essayer de tendre la main à des amis et à des parents négatifs. Vous devriez assurément faire de votre mieux pour encourager vos êtres chers à grandir. Mais il semble que certaines personnes ont les deux pieds bien ancrés dans une mauvaise attitude, et il ne relève pas de votre responsabilité de vous joindre à eux dans leur apitoiement permanent. Si cela veut dire de passer moins de temps avec vos «vieux» amis malsains et d'en consacrer davantage à vos «nouveaux» amis inspirants, qu'il en soit ainsi.

Choisissez d'être quelqu'un

Sachez-le, la vie n'est pas une répétition générale. Vous ne la vivez qu'une seule fois. Ceci est VOTRE vie... *VOUS INC.* est VOTRE entreprise, et elle n'appartient à personne d'autre! Si certains de vos amis veulent diriger leurs entreprises à partir d'un tabouret de bar... ou s'ils veulent mettre leur esprit en veilleuse, c'est leur choix. Mais s'ils vous demandent de siéger sur leur conseil d'administration, je vous suggère de décliner poliment l'invitation.

W. Clement Stone, un disciple dévoué de la philosophie de la pensée positive du docteur Norman Vincent Peale, fondateur d'une compagnie d'assurances au chiffre d'affaires de cent millions de dollars par année (une réussite exceptionnelle à l'époque), a résumé ainsi l'importance de l'attitude: *«Il n'y a qu'une petite différence entre les gens mais cette dernière peut en faire une grande. La petite différence réside dans l'attitude. Il reste à savoir si cette attitude est positive ou négative, voilà la grande différence.»*

J'aimerais clore ce chapitre du cinquième principe: *Tout est dans l'attitude* par un poème anonyme intitulé *Quelqu'un.* En quelques lignes, ce poème révèle à peu près tout ce qui doit être dit sur le thème de l'attitude.

«Quelqu'un a fait une action d'éclat.
Quelqu'un a aidé un ami dans le besoin.
Quelqu'un a chanté un air merveilleux.
Quelqu'un a souri pendant toute la journée.
Quelqu'un a eu cette pensée: "Qu'il est doux de vivre!"
Quelqu'un a dit: "Je suis content de donner."
Quelqu'un a livré un vaillant combat.
Quelqu'un a vécu pour défendre le bien.
Ce "quelqu'un"... était-ce vous?»

SIXIÈME PRINCIPE :

Développez des habitudes productives

L'un de mes écrivains préférés est John Grisham, l'auteur à succès de *La Firme, Le Client* et *Non coupable*. En raison du fabuleux succès de ses livres, John Grisham est aujourd'hui plusieurs fois millionnaire. Mais le chemin menant à sa renommée et à sa fortune n'était nullement une autoroute. À vrai dire, c'était en fait une route poussiéreuse et venteuse, pleine d'impasses et de trous !

Trouver des raisons d'écrire un livre

Avant de devenir un auteur à plein temps, John Grisham était avocat. Comme la plupart des avocats qui ont réussi, il passait de longues heures au bureau, souvent 60 heures par semaine, parfois 80 ! Malgré son horaire éreintant, John Grisham voulait plus que tout écrire un roman.

Cependant, John Grisham avait de nombreuses excuses toutes faites pour expliquer pourquoi il ne pouvait PAS écrire un livre. Comme le fait qu'il n'avait pas d'expérience d'écriture dans le domaine de la création... qu'il avait certaines obligations à l'égard de son épouse et de ses deux enfants... qu'il n'avait pas le temps car il travaillait 10 heures par jour, 6 jours par semaine... qu'il devait supporter un incroyable stress au travail.

Mais John Grisham savait qu'au bout du compte il avait le choix. Il pouvait ou bien *trouver des raisons* d'écrire un roman... ou il pouvait *trouver des raisons* de ne pas écrire un roman... puis il pouvait se justifier face à lui-même de ne pas le faire. Fort heureusement pour ses lecteurs et sa famille, monsieur Grisham a trouvé des raisons POUR écrire son premier roman.

Il a écrit son premier livre *L'Affaire Pélican*, en effectuant un simple ajustement dans son emploi du temps. Il a changé ses habitudes matinales. Il s'est mis à se lever à 5 heures du matin pour travailler à son roman. En effet, il ne disposait pas d'assez de temps dans sa journée pour écrire. Il a donc *trouvé ce temps* en se levant deux heures plus tôt chaque jour. Moins d'un an plus tard, John Grisham avait terminé son manuscrit afin de le faire parvenir à des éditeurs.

Le bouche à oreille a sauvé le livre

Il ne restait qu'un seul problème. Le premier éditeur a dit: «*Merci quand même, mais non merci.*» Le second a dit la même chose... et le troisième... et le quatrième... et ainsi de suite. Mais John Grisham était déterminé à faire imprimer son livre. Il a donc continué de présenter son manuscrit jusqu'à ce que, finalement, le 26e éditeur dise oui!

L'éditeur croyait tellement peu en ce livre qu'il en a fait imprimer seulement 5 000 exemplaires. À l'époque, on avait l'impression que c'était 4 000 de trop! Et pourtant, le livre était une bombe.

John Grisham a fait aussi un autre choix. Il a décidé de commercialiser le livre lui-même. Il en a acheté 1 000 exemplaires et il a ensuite pris l'habitude de passer ses fins de semaine à visiter chaque librairie, chaque bibliothèque et chaque association littéraire dans les environs immédiats de sa demeure. Il a fallu des mois avant que l'habitude qu'il avait prise de donner des causeries et de faire des séances de signature, pendant les fins de semaine, ne se mette à porter fruit.

Lentement, avec le temps, des lecteurs ont commencé à recommander le livre à des amis. Le bouche à oreille s'est amplifié de plus en plus jusqu'à ce que, finalement, après une année ou presque de ses présentations personnelles lors de week-ends, le premier roman de John Grisham, *L'Affaire Pélican*, est soudainement apparu sur la liste des livres à succès où il est resté pendant 100 semaines!

À ce jour, plus de 10 millions d'exemplaires du premier roman de John Grisham ont été imprimés, et des maisons d'édition et des studios d'Hollywood lui paient des millions pour obtenir les droits d'adaptation de son tout dernier livre, plusieurs mois avant même que le premier mot de ce livre ne soit encore écrit!

Changez vos habitudes et vous pourrez changer votre vie

Cette histoire met l'accent sur l'importance de développer des habitudes productives. John Grisham a été capable d'accomplir ce qu'il a fait parce qu'il a changé ses habitudes. Il a fait ce qu'il devait faire pour réaliser son rêve. Il comprenait qu'il lui fallait effectuer certains ajustements à sa routine habituelle s'il voulait vraiment écrire un roman. C'est exactement ce qu'il a fait en changeant ses habitudes de sommeil.

Voyez-vous comment la nouvelle habitude qu'a adoptée monsieur Grisham de se lever à 5 heures du matin – disons donc 2 heures plus tôt que la normale – lui a permis d'accomplir le rêve de toute une vie? Examinons simplement comment le fait de prendre l'habitude d'ajouter 2 heures productives, par jour, peut faire toute une différence. Au cours d'une année entière, vous pouvez ajouter ainsi 15 semaines de travail (ou presque 4 mois) de temps productif à chacune des années de votre vie.

> *«Les hommes ne décident pas de leur avenir. Ils décident de leurs habitudes... et leurs habitudes décident de leur avenir.»*
> **– Anonyme**

Et même si vous ne vous leviez que 30 minutes plus tôt chaque jour, vous pourriez ajouter un mois de semaines de 40 heures de travail à votre année! N'est-il pas stupéfiant de constater que le fait de développer une habitude aussi simple que de se lever un peu plus tôt chaque jour peut avoir un effet aussi profond sur votre vie? John Grisham en est la preuve vivante!

Vos habitudes décident de votre avenir

Maintenant, au premier coup d'œil, les habitudes semblent être de petites routines inoffensives qui nous aident à personnaliser chacune de nos journées et à donner à nos existences un sentiment de structure et de continuité. Étant donné que nos habitudes sont si prévisibles, elles nous rassurent, spécialement dans les périodes de stress.

Mais ce ne sont pas toutes nos habitudes qui sont petites... ou inoffensives. À vrai dire, au bout du compte, ce que nous sommes et ce que nous devenons est la somme de nos bonnes et mauvaises habitudes, la somme de nos habitudes productives et improductives... la somme de nos grandes et petites habitudes. Comme le disait un homme sage: *«Les hommes ne décident pas de leur avenir. Ils décident de leurs habitudes...* et leurs habitudes décident de leur avenir.»

John Grisham a décidé de prendre l'habitude de se lever tôt et d'écrire chaque matin avant de se rendre à son cabinet. D'autre part, cette habitude a décidé de son avenir. Aujourd'hui, John Grisham ne pratique plus le droit. Il est un écrivain à plein temps qui fait ce qu'il aime tout en gagnant 100 fois plus que ce qu'il gagnait à titre d'avocat. Et tout cela a commencé par une petite habitude quotidienne productive.

La définition de l'habitude selon le dictionnaire

Avant de poursuivre, prenons quelques instants afin de définir le mot *habitude* pour que nous ayons tous une même compréhension de ce que sont les habitudes et comment elles ont des répercussions significatives dans nos vies.

Selon le dictionnaire, une habitude est «une disposition acquise par la répétition d'une action tellement machinale qu'il est difficile de s'en défaire». Malheureusement, pour la plupart des gens le mot *habitude* a une connotation négative, surtout parce que nous avons été conditionnés à nous concentrer sur la partie «il est difficile de s'en défaire» de la définition. C'est ce à quoi nous pensons quand nous utilisons des expressions comme «l'habitude de fumer»... «l'habitude de boire de l'alcool»... «l'habitude de consommer de la drogue»... et un «récidiviste chronique, par habitude».

Mais nous devons garder à l'esprit que les habitudes ne sont pas nécessairement mauvaises ou improductives. Il est évident que les gens qui acquièrent des habitudes productives ont bien plus de chances d'avoir du succès... de se réaliser... et d'avoir le contrôle... que ceux-là qui acquièrent des habitudes improductives.

En fait, c'est le message que Steven Covey nous communique dans son livre à succès *Les 7 habitudes des gens qui réussissent tout ce qu'ils entreprennent*. Steven Covey a passé plusieurs années à étudier les gens qui réussissent dans le but d'identifier les comportements qu'ont en commun les gens efficaces. Monsieur Covey a été la première personne à faire valoir l'impressionnant pouvoir des habitudes efficaces et à communiquer l'idée selon laquelle les habitudes efficaces peuvent être apprises et enseignées à d'autres.

S'enliser dans la routine

Laissez-moi vous tracer un portrait qui vous fera mieux comprendre comment nos habitudes déterminent le sens de nos vies. Un de mes amis avait l'habitude de participer à des expéditions de chasse dans des régions inexploitées du Grand Nord canadien. À chaque mois de juillet, mon ami et deux de ses copains grimpaient dans un véhicule à quatre roues motrices et se dirigeaient vers l'Arctique. Il disait souvent à la blague que l'Arctique était tellement froid qu'il n'y avait que deux saisons: l'hiver et le mois de juillet.

Il n'y avait pas beaucoup de circulation dans l'Arctique; voilà pourquoi les routes étaient étroites et non pavées. Au mois de juillet, les chemins de terre commençaient à dégeler, et à mesure que la circulation augmentait, chaque véhicule qui passait laissait un sillon de plus en plus profond sur les chemins boueux. Vers la fin du trop court été, ces sillons de boue, des ornières, atteignaient au moins un mètre de profondeur. Une fois que le long hiver s'installait, les chemins sillonnés d'ornières devenaient aussi durs que du ciment.

D'après les dires de mon ami, les ornières gelées des chemins vicinaux étaient tellement profondes que le service des parcs a placé ce genre de panneau à l'entrée des routes: «*Conducteurs, nous vous prions de choisir avec soin le sillon dans lequel vous vous engagez, car vous y resterez pendant les prochains 30 kilomètres.*»

Eh bien, nos habitudes sont comme ces ornières sur les chemins de l'Arctique: Il est facile de s'y enliser... mais très difficile de s'en dégager. En effet, ne nous référons-nous pas parfois à notre comportement répétitif et non productif comme si nous étions en fait «prisonniers d'une routine»?

C'est pourquoi il est impérieux que nous prenions davantage conscience des avantages à long terme de choisir des habitudes productives plutôt que des habitudes improductives. Voilà pourquoi vous devez choisir chacune de vos habitudes avec beaucoup de soin, car il se peut que vous conserviez cette habitude pour le reste de votre vie!

Vos habitudes sont-elles un actif ou un passif?

À titre de fondateur, de président et d'actionnaire à 100 % de *VOUS INC.*, vous êtes responsable de développer des habitudes productives qui vont accroître votre valeur à court et à long terme. Étant donné que nos habitudes sont soit un actif ou un passif pour notre entreprise *VOUS INC.*, nous devons entretenir des habitudes productives... et nous devons travailler à remplacer des habitudes improductives par des habitudes productives.

Pour mieux comprendre l'impact que les habitudes ont sur nos vies, je veux que vous vous imaginiez être un employeur cherchant à engager une nouvelle personne pour occuper un poste clé dans votre entreprise. Quel genre d'habitudes voudriez-vous que cette personne possède déjà?

Voudriez-vous d'un employé bien organisé qui a pris l'habitude de bien gérer son temps... ou d'un autre qui ne respecte jamais les délais prescrits car il a pris l'habitude de remettre à la dernière minute les projets importants?

Voudriez-vous d'un employé cultivé qui a pris l'habitude de lire le soir chez lui des journaux professionnels et des livres de commerce... ou d'un autre qui a pris l'habitude de regarder la télévision jusqu'à l'heure d'aller se coucher?

Voudriez-vous d'un employé courtois et plein d'égards qui a pris l'habitude de donner à chaque client un service de premier ordre... ou d'un autre qui a pris l'habitude d'être vif et brusque avec les clients?

Il est évident que n'importe quel employeur préférerait des employés qui ont de formidables habitudes de travail... des habitudes personnelles productives... par contraste à des employés qui ont des habitudes autolimitatives... ou même autodestructrices.

Les personnes extraordinaires cultivent des habitudes extraordinaires

J'en suis venu à croire que si vous examiniez la vie des gens les plus productifs de l'histoire, au jour le jour, vous découvririez des gens qui choisissent des habitudes qui favorisent la productivité au lieu de l'entraver.

Par exemple, si messieurs Lincoln, Ford et Edison vivaient aujourd'hui, pensez-vous qu'ils prendraient l'habitude, une fois à la maison, de se laisser tomber lourdement dans leur fauteuil et de zapper ensuite jusqu'au moment de tomber endormis dans leur fauteuil à bascule?

À dire vrai, chacun de nous a le pouvoir de transformer presque n'importe quel effort humain en une habitude productive. La clé pour améliorer de façon spectaculaire votre entreprise *VOUS INC.* consiste à transformer des efforts productifs en de nouvelles habitudes, et de remplacer nos mauvaises habitudes par de bonnes habitudes.

Remplacer de mauvaises habitudes par de bonnes habitudes

Abigail van Buren, une chroniqueuse qui prodigue ses conseils dans plusieurs journaux, dit ce qui suit concernant les mauvaises habitudes : « *Une mauvaise habitude ne disparaît jamais d'elle-même. On ne peut compter que sur soi-même pour s'en corriger.* »

Ce que Abigail veut dire c'est qu'il est difficile de se défaire des mauvaises habitudes. C'est pourquoi je ne recommande pas que les gens concentrent tout leur temps et leurs efforts à se corriger d'une mauvaise habitude. Au lieu de suggérer aux gens de se défaire d'une habitude improductive, je les encourage à REMPLACER leurs habitudes improductives par des habitudes productives!

Par exemple, n'êtes-vous pas d'accord qu'il est relativement facile d'échanger *l'habitude improductive* qui consiste à écouter de la musique, dans votre auto, pendant que vous faites la navette entre votre résidence et votre travail... contre *l'habitude productive* d'écouter des cassettes audio ou des disques compacts qui favorisent les progrès personnels, telles les cassettes audio traitant de la gestion de son temps, de la communication efficace et ainsi de suite? Votre nouvelle habitude ne vous rendrait-elle pas plus sage et mieux informé? Bien sûr! Cela fait simplement appel au simple vieux bon sens!

Dresser un inventaire

Je vous encourage à *prendre conscience de quelle façon vos habitudes influent sur votre vie*... car cette prise de conscience constitue la première étape si vous voulez remplacer des habitudes improductives par des habitudes productives.

Par exemple, quand John Grisham a *pris conscience* que ses habitudes ne l'aidaient pas à accomplir le rêve de toute une vie, il s'est mis à réfléchir aux habitudes qui le faisaient vraiment avancer vers ses objectifs... et à celles qui l'entravaient. Cette prise de conscience l'a amené à acquérir l'habitude de se lever plus tôt chaque jour et d'écrire pendant ces heures additionnelles.

La meilleure manière d'accroître votre *prise de conscience* de vos habitudes est de faire ce que John Grisham a fait: vous asseoir et dresser l'inventaire de vos habitudes actuelles. Pensez aux habitudes qui vous font avancer et à celles qui vous freinent. Pensez ensuite aux habitudes qui pourraient vous aider à accomplir vos rêves et vos objectifs dans la vie. Finalement, cherchez des opportunités dans le but de remplacer les habitudes improductives par des habitudes productives.

Les habitudes productives par opposition aux habitudes improductives

Prenons quelques instants pour examiner certaines habitudes improductives courantes que plusieurs personnes choisissent d'adopter. Nous considérerons ensuite certaines habitudes productives qui pourraient facilement remplacer les habitudes improductives. Voici ma courte liste de certaines des habitudes improductives courantes... et les habitudes productives qui peuvent les remplacer:

Habitude improductive: Passer tout votre temps libre devant la télé.

Habitude productive: *Lire des livres qui vont vous aider à élargir votre esprit et à améliorer vos compétences.*

Habitude improductive: Utiliser votre carte de crédit d'un magasin particulier pour acheter des choses quand vous ne disposez pas de cet argent à la banque.

Habitude productive: *Payer comptant aussi souvent que possible.*

Habitude improductive: Prendre une tablette de chocolat *Hershey* chaque fois que vous avez faim.

Habitude productive: *Grignoter des pommes et des légumes frais entre les repas.*

Habitude improductive: Décompresser après une journée stressante en se «détendant» avec quatre ou cinq cocktails.

Habitude productive: Gérer votre stress et abaisser votre tension artérielle en faisant des exercices après le travail.

Habitude improductive: Toujours remettre à plus tard et ajourner les choses jusqu'à la dernière minute.

Habitude productive: *Prendre des mesures et développer un sentiment d'urgence en ce qui a trait aux projets importants.*

Prendre l'habitude d'épargner de l'argent tous les mois constitue un exemple parfait de ce dont je parle. Disons que votre rêve est d'avoir suffisamment d'argent pour vous retirer confortablement à l'âge de 60 ans et de ne plus avoir à travailler jusqu'à la fin de vos jours.

Pour la plupart des Nord-Américains, cela N'EST PAS un rêve irréaliste. Mais pour réaliser ce rêve, il vous faudrait prendre l'habitude de planifier judicieusement et d'épargner scrupuleusement. Si vous envisagez sérieusement de prendre votre retraite en vivant à l'aise, vous ne pouvez pas choisir d'adopter des habitudes de dépenses improductives et vous attendre à atteindre votre objectif.

Prendre l'habitude de planifier sa retraite

Les résultats d'un récent sondage dans le *USA Today* brossent un tableau passablement triste des priorités de la plupart des gens dans la vie. Le sondage indique que les Nord-Américains adultes consacrent 16 fois plus d'heures à s'acheter des vêtements qu'à planifier leur retraite. Selon ce même sondage, les Nord-Américains passent moins de 10 heures PAR ANNÉE à planifier leur retraite... mais plus de 145 heures par année à garnir leur garde-robe!

Seriez-vous d'accord pour dire que c'est là un bon exemple d'une mauvaise habitude dans la manière de gérer son temps? Cela ne fait aucun doute! Étant donné le fait que les Nord-Américains ont le plus bas taux d'épargne parmi tous les pays industrialisés du monde, je dois dire qu'il nous faudrait regarder de beaucoup plus près nos habitudes d'épargne et de dépenses, n'êtes-vous pas d'accord?

Diriger le plus grand hôtel du monde

J'aimerais prendre un moment pour partager avec vous une histoire vraie qui résume passablement bien ce que je veux dire quand je parle de l'importance de développer des habitudes productives.

L'histoire s'est déroulée au tournant du XXe siècle dans un petit hôtel de Philadelphie.

Un jeune et ambitieux préposé à la réception prénommé George était déterminé à gravir les échelons jusqu'à un haut poste dans l'industrie hôtelière. Au tout début de sa formation, George a décidé que la clé du succès dans le domaine de l'hôtellerie était de faire passer le client en premier, quelles que soient les circonstances.

Il a donc pris deux décisions conscientes pour développer deux habitudes qui dureraient pendant toute sa vie: La première, il en ferait une habitude d'apprendre tout ce qu'il pourrait au sujet de l'hôtellerie; et la deuxième décision, il se ferait une habitude de voir à ce que chaque requête d'un client soit traitée rapidement et avec courtoisie. Grâce à ces deux habitudes, George se bâtissait une excellente réputation auprès des propriétaires, lesquels formaient George en prévision d'un poste de gestion.

> *«Quand vous prenez le contrôle de vos habitudes, vous prenez le contrôle de votre vie.»*
> **– Burke Hedges**

Aucune chambre de libre dans l'hôtel

C'était par une nuit froide et pluvieuse, et tandis que George travaillait à la réception, un couple âgé et bien vêtu est entré dans le hall. L'élégant gentilhomme s'est approché de la réception et a demandé avec un accent anglais distinctif: *«Jeune homme, tous les grands hôtels affichent complet et mon épouse et moi cherchons désespérément une chambre. Serait-il possible de nous rendre ce service?»*

George a alors expliqué au gentilhomme que trois congrès se déroulaient en ville et qu'il n'y avait aucune chambre libre partout dans la cité. Tout en voyant leurs airs désappointés, George s'est rappelé à lui-même son habitude de faire passer le client en premier, quelles que soient les circonstances. Tandis que le vieux couple se dirigeait lentement vers la porte, George a dit à haute voix: «*Excusez-moi, monsieur. Je n'ai pas du tout l'intention de laisser un gentil couple comme vous partir sous la pluie à une heure du matin. Nous n'avons pas de chambre libre, mais peut-être accepteriez-vous de dormir dans ma chambre cette nuit.* »

Quand le couple a décliné son offre, George a insisté, en disant que de toute façon il n'avait pas besoin de la chambre car il était de service jusqu'au matin suivant. «*Je préférerais que vous occupiez ma chambre plutôt qu'elle reste inoccupée pendant toute la nuit. Je vous en prie, prenez ma chambre. C'est le moins que je puisse faire pour de gentilles personnes par un si vilain temps.* »

Il n'y a pas de quoi rire

Le matin suivant, tandis que l'homme âgé venait de régler sa note, il a remis à George un généreux pourboire, lui a souri et a dit: «*Jeune homme, vous êtes le genre de directeur qui devrait être le patron du meilleur hôtel aux États-Unis. Il se peut qu'un jour je construise cet hôtel pour vous.* »

Le jeune préposé à la réception a regardé le charmant couple et tous les trois ont ri de bon cœur de la blague du vieil homme. George les a ensuite aidés à porter leurs bagages sur le trottoir et il a bavardé avec ce couple formidable jusqu'à ce que leur taxi arrive.

Deux ans plus tard, George avait oublié cet incident. Son attitude extraordinaire et ses habitudes de travail sensationnelles lui avaient mérité de nombreuses promotions à l'hôtel, mais George avait envie de faire autre chose. Il sentait qu'il connaissait l'industrie hôtelière comme sa poche, et il désirait ardemment devenir directeur d'hôtel.

Un jour, il a reçu une lettre dont le timbre avait été oblitéré à New York. Elle provenait de ce vieil homme à qui George avait rendu service deux années auparavant, lors d'une nuit pluvieuse. La lettre demandait que George rende visite à cet homme et à son épouse. Un billet aller et retour à destination de New York était inclus dans la lettre.

À New York, le vieil homme a posé à George des questions apparemment sans fin. Il voulait savoir d'où George était originaire... depuis combien de temps il était dans le domaine de l'hôtellerie? Comment dirigerait-il un grand hôtel s'il en devenait le patron? Quels étaient ses objectifs et ses aspirations? ... et ainsi de suite. George a répondu poliment aux questions et il a remercié l'homme pour l'intérêt véritable qu'il lui portait.

> **«Personne n'a jamais fait faillite en épargnant de l'argent.»**
> **– H. Jackson Brown**

Les rêves peuvent se réaliser

Le vieil homme a ensuite conduit George au coin de Fifth Avenue et 34th Street et lui a désigné un merveilleux nouvel immeuble, un énorme palace en pierre rougeâtre, avec des tourelles et des tours d'observation s'élançant bien haut vers le ciel. Avec un éclair dans les yeux, le vieil homme s'est tourné vers George et lui a dit: *« Voici l'hôtel que j'ai construit pour que vous le dirigiez. »*

George a alors éclaté de rire et a félicité le vieil homme pour cette bonne blague. Bien que le vieil homme souriait, il ne riait pas. *«Je vous assure, jeune homme»*, dit l'homme âgé. *«Je ne blague pas. J'ai nommé cet hôtel le* Waldorf-Astoria, *d'après un nom de famille de longue date. Et vous, monsieur, vous êtes le premier directeur de l'hôtel. Félicitations! »*

Voyez-vous, le nom du vieil homme était William Waldorf Astor, l'héritier de l'une des plus importantes fortunes de l'histoire américaine. Le jeune préposé à la réception était George C. Boldt, qui est devenu le premier directeur du plus grand hôtel de son époque. À ce jour, le *Waldorf* demeure un des meilleurs hôtels dans le monde. Rien qu'une petite suite vous coûte jusqu'à 350 $ par nuit!

Les habitudes productives sont comme des graines

La morale de cette histoire est que les habitudes productives sont comme des graines. Les habitudes dont nous parlons aujourd'hui ne porteront peut-être pas fruit immédiatement. Il se peut que cela nécessite plusieurs années pour que ce fruit ne mûrisse. Mais rassurez-vous, les habitudes productives vont amener des résultats productifs.

Si George n'avait pas développé l'habitude productive de saisir chaque occasion d'en savoir plus long dans son domaine... si George n'avait pas développé l'habitude productive de satisfaire les requêtes de chaque client, pensez-vous qu'on l'aurait choisi pour diriger l'hôtel le plus prestigieux au pays ? Pas le moins du monde !

Mais George savait instinctivement qu'étant donné que nous avons tous nos petites habitudes, c'est le bon sens même qui nous incite à adopter des habitudes productives plutôt que des habitudes improductives. De même, chacun de nous doit examiner attentivement sa vie et décider comment transformer des activités quotidiennes en habitudes productives.

Les gens productifs choisissent des habitudes productives

> *« Grâce à sa persévérance, l'escargot a pu entrer dans l'arche de Noé. »*
> **– Charles Haddon Spurgeon**

Au bout du compte, vous, et seulement vous, êtes responsable de vos habitudes. Vous les choisissez... vous les cultivez... et vous récoltez ce que vous semez. C'est pourquoi il est impérieux que les habitudes que vous développez pour *VOUS INC.* soient un actif, et non pas un passif.

En jetant un coup d'œil aux habitudes des gens, vous pouvez vous faire une idée assez juste de ce à quoi ils attachent de la valeur et quelles sont leurs priorités dans la vie. Quand nous choisissons nos habitudes, en fait ce que nous faisons vraiment, c'est de choisir comment nous allons passer notre temps, êtes-vous d'accord ? Le temps est peut-être notre ressource la plus précieuse car une fois qu'il s'est enfui, on ne peut plus le retrouver. Alors pourquoi donc tant de gens tiennent-ils le temps pour acquis, et le gaspillent-ils dans des activités irresponsables et dénuées de sens ?

Une nation de fanatiques de la télévision

Par exemple, saviez-vous que le Nord-Américain moyen regarde presque 28 heures de télé par semaine ? En tant que nation, le temps que nous gaspillons devant la télévision a atteint des proportions ridicules, et je présume que la plupart des gens ne regardent pas la chaîne éducative!

Voyez simplement cela sous cet angle: Si une personne a pris l'habitude de regarder 4 heures de télévision chaque soir, elle gaspille plus de 100 heures potentiellement productives chaque mois... ce qui totalise presque *8 mois de semaines de 40 heures de travail, chaque année!*

Étonnant, n'est-ce pas? Imaginez seulement à quel point cette personne pourrait améliorer son entreprise *VOUS INC.* si elle utilisait ce temps pour apprendre une nouvelle compétence... ou à parler une autre langue... ou à améliorer sa santé en faisant de l'exercice!

Je crois fermement que les gens productifs ont des habitudes de travail productives, purement et simplement. On nous a tous alloué le même nombre de minutes dans chaque heure... le même nombre d'heures dans chaque jour... le même nombre de jours dans chaque semaine... et le même nombre de semaines dans chaque année. Et pourtant, certaines personnes accomplissent davantage de choses dans une année que d'autres dans toute une vie.

Les petites habitudes peuvent mener à de grands résultats

Vous souvenez-vous de la définition de l'habitude? Une habitude est un modèle d'action acquis, n'est-ce pas? Vous vous souviendrez également que dans le quatrième principe – *Le courage d'agir* – les actions n'ont pas à être de grandes actions pour obtenir de grands résultats. Elles n'ont qu'à être constantes.

C'est vraiment la clé qui mène à des habitudes efficaces, n'est-ce pas? Une habitude productive n'est rien de plus que de petites actions constantes qui s'additionnent pour former de grands résultats positifs. Laissez-moi vous donner un exemple qui illustre comment une petite habitude productive peut conduire à des résultats stupéfiants.

Saviez-vous que le consommateur typique dans ce pays conserve un solde de carte de crédit de 1 750 $, à un taux d'intérêt annuel de 18 %? Combien de temps faudra-t-il pour régler ce solde si le consommateur ne paie que le minimum de 2 % sur le solde mensuel impayé? Êtes-vous bien assis?

La réponse est... 22 ANS ET PRESQUE 4 000 $ EN INTÉRÊTS! Pouvez-vous imaginer qu'en payant le minimum chaque mois, vous payez plus que deux fois en intérêts le montant que vous avez emprunté. Et vous pourriez élever un enfant, de la naissance jusqu'à l'âge adulte, pendant cette période de 22 ans! C'est littéralement une autorisation au vol!

Maintenant, disons que ce même consommateur développe l'habitude de payer 25 $ additionnels chaque mois. Cela représente moins d'un dollar par jour. Ce n'est donc pas un énorme sacrifice. N'êtes-vous pas d'accord? Voici maintenant la partie étonnante. En ne payant que 25 $ additionnels par mois sur le solde impayé, *vous réduiriez votre période de paiements de 19 ans!*

Imaginez donc que vous pourriez régler votre dette en trois ans et quatre mois seulement, au lieu de 22 ans. Et vous ne paieriez que 588 $ en intérêts au lieu de 3 647 $. Incroyable, n'est-ce pas? Et dire que tout ce que vous auriez à faire serait de prendre l'habitude de payer 25 $ additionnels chaque mois!

Comment vos habitudes deviennent votre destinée

La vérité toute simple est la suivante: Une fois que vous aurez pris le contrôle de vos habitudes, vous acquerrez le contrôle de vos finances.

Une fois que vous aurez pris le contrôle de vos habitudes, vous acquerrez le contrôle sur votre santé.

Une fois que vous aurez pris le contrôle de vos habitudes, vous acquerrez le contrôle de votre temps.

Une fois que vous aurez pris le contrôle de vos habitudes, vous acquerrez le contrôle de vos relations.

En somme, une fois que vous aurez pris le contrôle de vos habitudes, vous acquerrez le contrôle de votre vie.

N'oubliez jamais ceci: quelle que soit l'habitude que vous prenez, vous devenez cette habitude. Si vous prenez l'habitude de gagner, vous êtes un gagnant! Si vous prenez l'habitude de donner, vous êtes quelqu'un qui donne.

VOUS INC. est un mélange de vos habitudes de penser... vos habitudes de parler... vos habitudes de gestion de votre temps... et vos habitudes de performance. Ces habitudes vont déterminer si *VOUS INC.* va croître et devenir une entreprise que les gens admirent et dans laquelle ils veulent investir... ou si l'entreprise *VOUS INC.* va être forcée de faire une faillite personnelle.

Je vais terminer ce chapitre par une brève maxime anonyme qui décrit mieux que je ne le pourrais jamais le faire comment nos habitudes sont pour toujours liées à notre destinée comme les maillons d'une chaîne en acier. Voici cette maxime:

Faites attention à vos pensées, car vos pensées deviennent des mots.

Faites attention à vos mots, car vos mots deviennent des actions.

Faites attention à vos actions, car vos actions deviennent des habitudes.

Faites attention à vos habitudes, car vos habitudes deviennent votre caractère.

Faites attention à votre caractère, car votre caractère devient votre destinée.

SEPTIÈME PRINCIPE:

Gérez vos émotions

« Le courage est la maîtrise de la peur, et non pas l'absence de peur. »

— Mark Twain

*I*l semble que pas une seule journée ne passe sans que nous entendions parler ou que nous lisions un article au sujet d'un mari ou d'une épouse qui quitte son conjoint ou sa conjointe pour une personne « rencontrée » sur Internet.

C'est plutôt renversant, n'est-ce pas, que deux personnes, qui habitent peut-être à des milliers de kilomètres l'une de l'autre, se rencontrent accidentellement dans le cyberespace... elles communiquent en envoyant par ordinateur des messages électroniques... et elles décident ensuite de fuir ensemble même si elles ne se sont jamais rencontrées en personne.

N'êtes-vous pas ahuri à la pensée que deux adultes puissent prendre une décision majeure qui change toute une vie en se basant presque uniquement sur l'émotion?

Nous prenons nos décisions en nous basant sur des émotions

Quand on considère comment les gens prennent chaque décision dans leur vie, aussi étonnant que cela puisse être, un scénario comme celui-ci est en fait la règle et non pas l'exception. Ceux qui étudient la nature humaine, les psychiatres, les romanciers, les philosophes, sont tous d'accord pour dire que les êtres humains prennent leurs décisions en se basant sur leurs émotions, et ils justifient ensuite ces décisions par la raison et la logique... plutôt que sur le plan émotif.

Le grand poète et auteur satirique anglais, Alexander Pope, a observé ce phénomène il y a environ 300 ans quand il a écrit ces quelques vers:

« La passion dominante, quelle qu'elle soit
La passion dominante conquiert même la raison. »

Alexander Pope a compris que les gens prenaient leurs décisions en se basant sur leurs émotions plutôt que sur la raison à cause de leur nature humaine. Et qu'on le veuille ou non, on ne peut pas faire grand-chose pour changer la nature humaine. Nous ne pouvons pas changer le fait que Adam et Ève ont pris une décision émotive quand ils ont mordu à pleines dents dans le fruit défendu.

Le pouvoir des émotions

Cela signifie-t-il que nous sommes condamnés à jamais à être régentés par nos émotions? Bien sûr que non! Mais cela veut dire que pour gérer efficacement nos émotions, nous devons mieux comprendre le pouvoir des émotions afin d'être capables de régir nos émotions au lieu que ce soit nos émotions qui nous régissent.

Prenons quelques instants pour parler du pouvoir des émotions et comment elles influent profondément sur nos vies. Parfois pour le meilleur, mais le plus souvent pour le pire.

Premièrement, examinons le côté négatif des émotions, ce qui est certainement facile à documenter. Vous n'avez qu'à ouvrir un grand roman... une pièce de William Shakespeare... un livre d'histoire... ou la Bible à n'importe quelle page, et vous serez confronté au côté sombre des émotions humaines.

L'histoire foisonne d'études de cas d'individus – et même de nations entières, quant à cela – dont «les passions dominantes ont conquis la raison», l'exemple le plus notable est sans contredit Adolf Hitler et le peuple allemand au cours de la Deuxième Guerre mondiale.

> *«La passion dominante, quelle qu'elle soit*
> *La passion dominante conquiert même la raison.»*
> **– Alexander Pope**

Adolf Hitler pendant les années 30 et 40 – et la Bosnie dans les années 90 – sont des preuves vivantes de ce qui peut se produire quand des gens ne parviennent pas à gérer leurs émotions. Quand des émotions comme la cupidité, l'envie, les préjugés et la haine imposent des conditions et s'attribuent la prédominance sur notre intellect, le désastre est inévitable!

Il a conquis le monde, mais pas ses émotions

Un des plus grands personnages de l'histoire ancienne, Alexandre le Grand, est l'exemple parfait d'un être humain au talent exceptionnel que ses émotions ont détruit. Quand Alexandre le Grand avait 29 ans, il a conquis le monde. D'après tous les témoignages, il était brillant, beau, courageux et ambitieux.

Oui, Alexandre le Grand s'est rendu maître du monde entier... il était le roi des rois sur terre. Mais il avait un point faible fatal: il était incapable de maîtriser ses émotions. Profondément déprimé parce qu'il n'y avait plus de nouveaux mondes à conquérir, Alexandre le Grand – l'homme qui avait régné sur le monde avant l'âge de 30 ans – est mort d'ivrognerie à l'âge de 32 ans!

Depuis l'époque immémoriale où Caïn a tué son frère Abel par jalousie... jusqu'au quatrième siècle avant Jésus-Christ où Alexandre le Grand, par désespoir, est mort de trop boire... jusqu'au vingtième siècle où les frères Menendez ont assassiné leurs parents par cupidité, des décisions basées sur des émotions ont détruit ce qu'il y avait de meilleur et de pire chez les enfants de Dieu.

Les conséquences des émotions mal gérées

Jetez simplement un coup d'œil à votre propre vie. Réfléchissez aux nombreuses fois où vous avez pris des décisions importantes sous le coup de l'émotion au lieu de faire appel à la raison. Pouvez-vous vous rappeler certaines décisions que vous avez prises quand vous fréquentiez l'école secondaire et auxquelles vous n'aviez pas réfléchi suffisamment? Heureusement, la plupart des décisions que nous avons prises sous le coup de l'émotion quand nous étions adolescents n'ont pas eu de conséquences fâcheuses... et nous en rions même aujourd'hui.

Mais que dire de ces jeunes du secondaire qui prennent la dangereuse décision émotive de monter dans une auto et de faire une course d'accélération après avoir bu quelques bières? Trop souvent, leur échec à gérer leurs émotions se termine par un tragique accident d'auto.

À vrai dire, les conséquences d'*émotions mal gérées*... les conséquences d'agir sous le coup de vos émotions au lieu de bien considérer les choses, peuvent changer votre vie... ou même mettre fin à vos jours. Et malheureusement, on ne peut absolument pas éviter ces conséquences.

Aujourd'hui, quand nous lisons qu'environ un tiers des naissances dans ce pays se produisent en dehors des liens du mariage, cela nous rappelle abruptement que les décisions prises sous le coup de l'émotion peuvent avoir des conséquences qui nous survivent longtemps après notre mort! Voilà pourquoi de nos jours, à une époque où les gens ont plus de liberté... plus de tentations... plus de distractions... et plus de tolérance que jamais auparavant dans l'histoire, il est crucial que les gens comprennent et respectent vraiment le pouvoir de leurs émotions et qu'ils apprennent à les gérer.

Pensez avec votre tête, et non avec votre cœur

Un sage a dit un jour: «*La moitié de nos erreurs dans la vie surviennent quand nous ressentons des choses alors que nous devrions réfléchir... et quand nous réfléchissons alors que nous devrions ressentir des choses.*» Chaque jour, les commentaires que l'on entend et nos propres observations démontrent la véracité de cette affirmation.

Par exemple, avez-vous déjà connu quelqu'un qui a laissé son emploi dans un mouvement de colère... et qui a regretté sa décision le jour suivant?

Avez-vous déjà observé une personne très obèse commander un énorme repas plein de calories et demander ensuite au serveur: «Et je vais prendre un *Coke* diète car je surveille mon poids!»

Avez-vous déjà eu des amis qui ont acheté une nouvelle automobile sur le coup d'une impulsion, même si leurs cartes de crédit étaient à la limite et qu'ils ne faisaient que vivoter d'un chèque de paye à l'autre?

Avez-vous déjà connu des gens qui ont laissé passer l'opportunité de toute une vie parce qu'ils avaient peur d'échouer?

Ce sont là des exemples de gens qui n'ont pas réussi à gérer efficacement leurs émotions.

Ma matière principale à l'université était la justice pénale et, pour satisfaire aux exigences d'obtention du diplôme, j'ai visité plusieurs prisons de l'État et j'ai travaillé comme stagiaire au bureau du défenseur des droits des citoyens. Je peux vous dire grâce à mon expérience de première main que nos prisons ne seraient pas si pleines aujourd'hui si les détenus avaient appris à gérer leurs émotions!

> «*La moitié de nos erreurs dans la vie surviennent quand nous ressentons des choses alors que nous devrions réfléchir... et quand nous réfléchissons alors que nous devrions ressentir des choses.*»
>
> – Anonyme

Dieu veut que nous ressentions des choses, sinon Il ne nous aurait pas créés avec des émotions

Ne croyez pas une seule seconde que je suis en train de suggérer que les émotions sont mauvaises. Au contraire, les émotions sont une partie importante de l'existence!

Pouvez-vous vous imaginer vivre dans un monde où vous ne pourriez pas ressentir de l'amour?

Pouvez-vous vous imaginer vivre dans un monde où vous ne pourriez pas éprouver de la passion?

Pouvez-vous vous imaginer vivre dans un monde où vous ne pourriez pas ressentir de la fierté ?

Pouvez-vous vous imaginer vivre dans un monde où vous ne pourriez pas éprouver de l'enthousiasme ou de la joie ?

Je ne vous suggère pas non plus de vaquer à vos occupations en gardant vos émotions à l'intérieur de vous comme un autocuiseur « humain » sur le point d'exploser. Toutes les recherches médicales indiquent que les gens qui n'ont pas trouvé le bon exutoire pour leurs émotions sont les plus exposés aux crises cardiaques, aux attaques d'apoplexie, aux ulcères et à toute une kyrielle d'autres problèmes.

Il est salutaire que vous ressentiez toutes vos émotions, même celles que nous n'aimons pas avouer, comme la jalousie, l'envie... et même la colère. Et quand les circonstances s'y prêtent, il est également salutaire de donner libre cours à ces émotions.

Même la Bible nous exhorte à ne pas nier nos sentiments, encore moins à les refouler. Dieu veut que nous ressentions toute la gamme des émotions qu'Il nous a accordées, sinon Il ne nous aurait pas donné ces émotions dès notre naissance ! Nous avons également le droit de ressentir de la haine, car Dieu nous commande *« d'aimer le pécheur et de haïr le péché »*.

Même si la Bible est remplie d'histoires de gens qui sont punis pour avoir laissé leurs émotions l'emporter sur eux-mêmes – comme ce fut le cas dans l'histoire de Samson et Dalila, par exemple – la Bible nous rappelle aussi qu'il y a des occasions où il est parfaitement approprié de laisser voir ses sentiments, tout comme Jésus l'a fait quand Il a chassé avec colère les marchands hors du temple de Jérusalem.

Faites en sorte que vos émotions travaillent pour vous et non pas contre vous

La Bible le dit clairement et à maintes reprises que le fait de gérer vos émotions ne signifie pas que vous cessez de ressentir les choses... ou que vous cessez de vous exprimer vous-même.

Gérer vos émotions signifie que vous apprenez à ne pas réagir de façon excessive – ou que vous ne réagissez pas mollement – à des situations.

Gérer vos émotions veut dire que vous prenez le temps de voir les choses comme elles sont, dans leur contexte.

Gérer vos émotions veut dire que vous gardez fermement le contrôle afin que vos émotions améliorent votre vie au lieu de la ruiner.

Gérer vos émotions signifie de les faire travailler POUR vous, et non pas CONTRE vous.

J'aimerais partager avec vous une histoire vraie, celle d'un athlète talentueux qui illustre comment quelqu'un peut changer complètement sa vie après avoir appris à gérer ses émotions.

Apprendre à contrôler ses émotions de haute lutte

Quand l'athlète n'était encore qu'un petit garçon, il était évident aux yeux de tous qu'il avait reçu des talents physiques spéciaux. Il était beaucoup plus rapide que les autres garçons de son âge, et son endurance, même adolescent, était stupéfiante. Il aimait tous les sports et il excellait à tous ceux qu'il pratiquait.

Quand il a eu 9 ans, son père lui a tendu une vieille raquette de tennis en bois et l'a emmené dans le parc du quartier pour frapper quelques balles. Dès les premiers coups de raquette, le garçon est devenu immédiatement un mordu de tennis! En très peu de temps, il est parvenu à battre tous les jeunes de sa ville... puis tous les jeunes de son âge à travers le pays.

À l'âge de 12 ans, il battait régulièrement les meilleurs joueurs adultes de son pays, et il pouvait en donner pour leur argent à des joueurs de tennis professionnel de niveau international. Tous prédisaient qu'il serait un jour champion du monde... si seulement il apprenait à contrôler sa mauvaise humeur.

Voyez-vous, ce garçon était tellement talentueux et compétitif qu'il s'attendait à remporter chaque point. Et quand quelque chose tournait mal, comme le fait de rater un coup facile... ou si un arbitre faisait une faute d'arbitrage... le garçon piquait une crise.

Quand les choses n'allaient pas à son goût, il jurait... il arrêtait de jouer et se disputait avec les arbitres... il lançait sa raquette. À plus d'une occasion, il a fracassé sa raquette contre les poteaux de filet en acier jusqu'à ce qu'elle soit déformée et brisée en mille morceaux. Sa mauvaise humeur a pris de telles proportions qu'il a commencé à se plaindre plus qu'il ne jouait... et il s'est mis à perdre des matchs qu'il aurait dû gagner.

Un jour, son père est venu le voir jouer dans la finale d'un tournoi important. Comme d'habitude, le garçon a commencé à se mettre en colère... criant... jurant... lançant sa raquette, toujours le même scénario. Après avoir été témoin de cet odieux comportement pendant 10 minutes, le père en a eu assez.

Il s'est levé de son siège dans les tribunes, a marché jusqu'au court de tennis au beau milieu d'un échange et a annoncé à tous ceux qui étaient présents: «*Ce match est terminé. Mon fils est disqualifié.*» Sur ce, il s'est dirigé vers son fils, a saisi sa raquette et lui a dit d'une voix sévère: «*Viens avec moi.*»

Pas de tennis pendant six mois

Quand ils sont arrivés à la maison, le père a placé la raquette dans un placard et a dit à son fils d'une voix égale: «*Cette raquette va demeurer dans ce placard pendant six mois. Tu ne dois pas toucher à cette raquette ou à n'importe quelle autre jusqu'à la fin de cette période de six mois... fin de la discussion.*»

Le garçon était accablé! Le tennis était sa vie... sa passion. Et il lui faudrait attendre une demi-année avant de pouvoir tenir une raquette dans ses mains. Pour un garçon de 12 ans, six mois lui paraissaient six ans. Comment allait-il survivre pendant six mois sans tennis?

À la fin des six mois, son père a sorti la raquette du placard et il l'a remise à son fils en disant: «*Si j'entends ne serait-ce qu'un seul juron sortir de ta bouche... ou si je te vois lancer ta raquette dans un accès de colère, je vais te l'enlever pour de bon. Ou bien tu contrôles ta mauvaise humeur, ou bien je vais la contrôler à ta place. »*

Le garçon était tellement transporté de joie de pouvoir jouer qu'il s'est adonné à son sport avec plus de passion que jamais auparavant. À l'âge de 15 ans, il battait plusieurs professionnels. À 16 ans, il remportait des tournois professionnels partout en Europe.

Le colérique devient un gagnant

Le jeune homme s'améliorait de plus en plus à chaque tournoi, et la presse a commencé à l'appeler « l'ange des jeunes » car il avait l'air si jeune et innocent... et parce que sur le court de tennis il se comportait comme un ange! Voyez-vous, après la suspension imposée par son père, le jeune homme a appris à gérer ses émotions même dans les conditions les plus stressantes. Même quand il a été brimé par un mauvais appel d'un juge de ligne dans la finale d'un tournoi de première importance, il a pris en main la situation avec calme.

Il s'est rendu tellement maître de ses émotions que ses adversaires sont devenus intimidés par son comportement sur le court. Que ce soit pour le premier point d'un match facile... ou pour le dernier point éprouvant d'une finale âprement disputée, son expression et son comportement sont restés les mêmes. Il avait entièrement le contrôle de ses émotions.

Le jeune homme a fini par devenir ce que plusieurs experts considèrent comme le plus grand joueur à avoir tenu une raquette de tennis dans la main. Il a remporté 14 tournois majeurs, incluant six titres aux *Internationaux de France* – le premier quand il n'avait que 18 ans – et cinq titres consécutifs à Wimbledon. Celui qui avait été un enfant terrible au tennis... et qu'on avait surnommé plus tard « l'ange des jeunes », était nul autre que Bjorn Borg.

Bjorn Borg a été le premier à admettre que le fait d'apprendre à gérer ses émotions a constitué le point décisif de sa carrière au tennis, et même de sa vie. Parce que Bjorn a appris à contrôler ses émotions, de colérique qu'il était auparavant, toujours sur le bord de l'autodestruction, il s'est transformé en un gagnant qui demeurait calme et gardait la tête froide même pendant les moments les plus difficiles d'une compétition.

Vous choisissez vos émotions

Bjorn Borg a appris de haute lutte qu'il n'en tenait qu'à lui de contrôler ses émotions. C'est vraiment ce dont je parle quand je dis que vous devez gérer vos émotions. Il vous faut contrôler vos émotions sinon elles vous contrôleront.

Quand mes enfants avaient quatre ou cinq ans, ils essayaient de blâmer mon épouse ou moi quand leur colère prenait le dessus : *« Tu m'as mis en colère quand tu n'as pas voulu que je fasse du vélo après le dîner »* avait l'habitude de me crier Nathan quand je le réprimandais pour avoir trépigné de rage quand il n'arrivait pas à ses fins. Ou bien il criait : *« J'ai lancé la balle dans la maison parce que Burkie m'a mis en colère quand il m'a insulté. »*

Je prends le temps d'expliquer à mes quatre enfants que je ne suis pas personnellement responsable de leurs émotions. Personne ne les a créés fâchés ou tristes, heureux ou contents. Ce sont des émotions qu'ils ont choisies. Que vous ayez 5 ou 50 ans, gérer vos émotions consiste à comprendre que vous ne pouvez pas toujours avoir le contrôle de ce qui vous arrive. Mais comme l'a appris Bjorn Borg, vous POUVEZ avoir le contrôle de votre réaction émotive.

Dans le but de découvrir le P.-D.G. en vous, il est urgent que vous appreniez à gérer vos émotions. Quand des gens utilisent des phrases comme : « Il a pris une bonne décision d'affaires » ou bien « il faut qu'il y ait une saine gestion commerciale », ce qu'ils disent en réalité c'est que vous devez penser avec votre tête et non avec votre cœur.

Trois émotions puissantes

D'ici la fin de ce chapitre, j'aimerais vous parler de trois émotions universelles qui ont le pouvoir de faire toute la différence entre la réussite ou l'échec de votre entreprise *VOUS INC.* Je voudrais aussi vous expliquer comment nous pouvons gérer efficacement ces émotions afin qu'elles travaillent pour *nous, et non pas contre nous.* Les émotions dont nous allons traiter sont *la peur... L'inquié-tude... et l'enthousiasme.*

Gérer la peur

Commençons par la peur car c'est peut-être la plus forte émotion ressentie par les êtres humains. Lorsque j'utilise le mot peur, je ne parle pas de cette peur que vous ressentez quand vous vous promenez seul dans un parc la nuit. Quand je parle de la peur, je parle de la peur de l'inconnu, ou plus précisément, de la peur de l'échec et du rejet.

La question à se poser est celle-ci : «Comment parvenez-vous à gérer la peur?»

La clef pour gérer la peur est d'y faire face directement, de ne pas afficher un air de bravade en prétendant qu'elle n'existe pas. Pour être franc, nous avons tous peur de temps à autre. C'est tout à fait humain. Le problème est que certaines personnes – à vrai dire, bien trop de gens – essaient de se soustraire à la peur en se cachant d'elle. Un sage a dit un jour: *«Un navire est en sûreté dans un port. Mais ce n'est pas pour cette raison qu'on construit des navires. »*

Se soustraire à la peur en refusant de prendre des risques, si une telle chose est possible... ce n'est pas cela gérer la peur. C'est laisser plutôt la peur vous régir car c'est elle qui prend les décisions, pas vous. La meilleure façon de gérer la peur est de la comprendre... et de l'utiliser ensuite comme un facteur de motivation plutôt que comme un frein à vos activités.

Un bon exemple de quelqu'un qui s'est souvent servi de la peur comme facteur de motivation est l'acteur aux talents variés, Rex Harrison. Vous vous souvenez peut-être de lui dans le rôle du professeur Higgins dans la comédie musicale classique *My Fair Lady.*

Après le tournage de *My Fair Lady*, les acteurs ont pris quelques semaines de vacances avant de se réunir à nouveau pour enregistrer la bande sonore du disque. Le jour convenu, tous les acteurs se sont présentés au studio d'enregistrement portant des vêtements confortables, de tous les jours. Tous, sauf Rex Harrison.

Quand monsieur Harrison est arrivé au studio, tous furent étonnés de constater qu'il était parfaitement maquillé et portait le costume de son personnage dans le film. Le producteur de Rex Harrison s'est approché de lui et a dit : « *Rex, il y a peut-être eu confusion. Nous enregistrons aujourd'hui les chansons dans un studio d'enregistrement. Nous ne filmons pas des scènes du film.* »

Monsieur Harrison a observé le producteur quelques instants avant de répliquer d'un ton sec : « *Mon cher camarade, je sais que nous enregistrons et que nous ne filmons pas aujourd'hui. Mais voyez-vous, j'ai voulu fournir ma meilleure performance. Et pour être à mon meilleur, il me faut me costumer... être maquillé... et il faut que j'aie le trac, que j'aie peur.* »

La morale de cette histoire est que même les superstars éprouvent de la peur de temps en temps, tout comme vous et moi. Ce qui distingue les superstars des perdants c'est leur habileté à gérer leurs peurs. Rex Harrison, par exemple, n'a pas nié qu'il avait peur et qu'il était nerveux. Au lieu de cela, il a utilisé sa peur pour se préparer lui-même à fournir la meilleure performance dont il était capable. Voilà ce que j'appelle contrôler ses émotions et savoir les gérer.

> **« Un navire est en sûreté dans un port. Mais ce n'est pas pour cette raison qu'on construit des navires. »**
>
> **– Anonyme**

Servez-vous de la peur comme facteur de motivation pour vous préparer

Je crois que la plupart d'entre nous observent les gens couronnés de succès – spécialement les athlètes et les artistes professionnels – et présument qu'ils sont d'une quelconque façon immunisés à ressentir les émotions que nous « mortels » ressentons. Rien ne pourrait être plus éloigné de la vérité.

Ne pensez-vous pas que le cœur de Jack Nicklaus bat à grands coups quand il a la possibilité de réussir un coup roulé de 1 m 30 pour remporter le tournoi des Maîtres ? Ne croyez-vous pas que Michael Jordan a un peu peur quand il se tient à la ligne de lancer franc alors que la partie est à égalité et qu'il ne reste que quelques secondes à jouer ? Ne pensez-vous pas que Tom Hanks éprouve une certaine appréhension quand il prononce son mot de remerciements, lors de la cérémonie des *Oscars*, devant un milliard de téléspectateurs ?

Vous pouvez parier qu'ils ressentent le même genre d'émotions que n'importe quel être humain éprouverait à leur place. La grande différence est que les gens couronnés de succès gèrent leurs émotions et s'en servent pour améliorer leurs performances.

Helen Hayes, souvent appelée la première dame du théâtre américain, a joui d'une carrière échelonnée sur 60 années. Même à la fin de sa carrière, elle admettait qu'elle avait l'estomac noué juste avant une performance: *« Bien sûr je suis effrayée là-bas sur la scène »*, a-t-elle dit un jour à un journaliste, *« mais je ne vois pas la peur comme un effet dissuasif. Je pense que c'est en quelque sorte un "coup de pied au derrière" pour qu'on se prépare. »*

Ne pas prendre de risques n'est pas la réponse

Gérer cette émotion que représente la peur me rappelle l'histoire du fermier habitant un trou perdu et qui s'assoyait sur les marches extérieures de sa maison pendant la saison des semailles. Un étranger s'est arrêté un jour à la maison du fermier pour demander un verre d'eau.

« Comment le blé se porte-t-il ? » a demandé l'étranger.

— Je n'en ai pas semé », a répliqué le fermier.

— Vraiment ? » a dit l'étranger. *« Je pensais que c'était une région favorable à la récolte du blé.*

— J'avais peur qu'il ne pleuve pas », a dit le fermier.

— Oh, eh bien, comment se porte la culture du maïs ? » a demandé l'étranger.

— Je n'en ai pas », a répondu le fermier.

— Vous n'avez pas planté de maïs non plus ? » a demandé l'étranger un peu déconcerté.

— Non », a dit le fermier. *« J'avais peur que le maïs pourrisse.*

— Dieu du ciel ! » a crié l'étranger, *« qu'avez-vous donc planté ?*

— Rien ! » a répondu le fermier. *« Je n'ai tout simplement pas pris de risques. »*

Si nous récoltons vraiment ce que nous semons, je vous demande alors ce que ce fermier a semé en ne prenant pas de risques? Vous avez raison – absolument rien!

Gérer l'inquiétude

On pourrait dire la même chose en ce qui a trait à la gestion de la seconde émotion qui est d'une importance décisive pour votre entreprise *VOUS INC.* – l'inquiétude. Tout comme le fermier qui n'a pas pris de risques, si vous laissez vos inquiétudes dominer votre vie, vous finirez par être beaucoup moins productif que si vous aviez tout simplement laissé vos inquiétudes de côté et mis le paquet.

L'un des cofondateurs de la clinique *Mayo*, de renommée mondiale, le docteur Charles Mayo, avait ceci à dire concernant les effets négatifs de l'inquiétude. *«L'inquiétude affecte la circulation, les glandes, l'ensemble du système nerveux, et influe profondément sur le cœur. Je n'ai jamais connu un homme qui soit mort d'avoir trop travaillé, mais j'en ai rencontré plusieurs que les doutes ont tués.»*

N'est-ce pas une puissante déclaration? Et cela correspond particulièrement à notre époque, une période dans l'histoire que plusieurs économistes appellent *«L'ère de l'anxiété»*.

Le problème avec l'inquiétude est que cela représente un gaspillage de temps précieux. L'inquiétude est comme une chaise berceuse. Elle vous donne quelque chose à faire, mais cela ne vous mène nulle part. La meilleure façon que je connaisse pour gérer l'inquiétude est de sortir de votre chaise berceuse et d'aller ACCOMPLIR quelque chose de productif! Tout comme la peur, vous pouvez utiliser l'inquiétude comme un «coup de pied au derrière» pour vous motiver à agir, au lieu de lui permettre de vous paralyser.

> *«Je n'ai jamais connu un homme qui soit mort d'avoir trop travaillé, mais j'en ai rencontré plusieurs que les doutes ont tués.»*
> – Dr Charles Mayo

Ce ne sont pas vos inquiétudes qui paieront vos factures

Si vous vous inquiétez de quelque chose, cela indique à coup sûr que vous devez devenir proactif. Il y a des millions de gens dans ce pays qui craignent de perdre leur emploi. Mais le fait de s'inquiéter n'empêchera pas l'avis de congédiement de parvenir dans leur boîte aux lettres... ou que l'agent de recouvrement vienne frapper à leur porte quand ils auront été congédiés. N'est-ce pas une bonne idée de gérer l'inquiétude en l'utilisant comme motivateur pour vous améliorer vous-même afin que vous soyez plus précieux aux yeux de votre employeur... ou de votre entreprise?

Si le fait de perdre votre emploi vous inquiète, c'est peut-être le temps de suivre un cours pour accroître vos compétences... de retourner aux études à temps plein... d'aller à la recherche d'un mentor... d'établir des relations avec des amis... d'explorer ce qui est accessible dans d'autres secteurs sur le plan de votre carrière. Soyez *productif* au lieu de *réagir en vain*.

Si vous choisissez de rester assis dans la chaise berceuse de l'inquiétude, vous ne réussirez qu'à user votre moquette... ce qui signifie que vous aurez à vous inquiéter afin de trouver l'argent pour acheter une nouvelle moquette.

Les gens qui s'inquiètent constamment me font penser à l'histoire de cette veuve chinoise qui n'avait que ses deux fils pour subvenir à ses besoins. L'aîné vendait des parapluies. Le plus jeune vendait des lunettes de soleil. La vieille femme s'inquiétait tous les jours, car quand il faisait soleil, son aîné ne vendait pas de parapluies. Lorsqu'il pleuvait, le plus jeune ne vendait pas de lunettes de soleil. Alors peu importait le temps qu'il faisait, elle s'inquiétait... s'inquiétait... et s'inquiétait.

Un jour, une vieille amie très sage est venue lui rendre visite. L'amie a été inquiète en voyant à quel point la veuve était devenue pâle et amaigrie. *« Es-tu malade, ma chère amie?* a demandé la femme. *« Non,* a répliqué la veuve, *je suis seulement inquiète constamment. Peu importe le temps qu'il fait, un de mes fils ne fera aucune vente pendant la journée. »*

La vieille amie sage a souri et lui a dit: *« Oh, non, mon amie. Toi, d'entre tous les êtres humains, tu ne devrais aucunement t'inquiéter car tu ne peux pas faire autrement que d'être gagnante. Car vois-tu, quel que soit le temps qu'il fait, un de tes fils vendra toujours sa marchandise. »*

Combien de fois vous êtes-vous inquiété pour vous rendre compte par la suite que tout s'était bien passé finalement? Que vous a donc rapporté ces inquiétudes, si ce n'est des maux de tête et le manque de sommeil? L'inquiétude, mon ami, n'est rien de plus que le mauvais usage de votre imagination. Pour gérer vos inquiétudes, vous n'avez qu'à gérer votre imagination!

Souffrez-vous d'un manque d'enthousiasme?

La dernière émotion dont je veux vous parler en est une qui me touche de très près car je me rends compte qu'elle est absente de plusieurs existences. Je vous parle ici de l'enthousiasme... ou plus précisément du *manque d'enthousiasme!*

> **«Le premier feu que nous devrions allumer est la flamme à l'intérieur de nous.»**
>
> **– devise pour feu de camp chez les scouts**

Le manque d'enthousiasme me rappelle la remarque d'un vieux politicien quand on l'a informé que son rival, le président Calvin Coolidge, venait de mourir. Le politicien a réfléchi pendant quelques instants avant de demander d'un sourire grimaçant: «*Calvin est mort, hein? Comment l'ont-ils su?* »

Il est triste de constater que cette phrase pourrait être attribuée à bien de gens. Nous sommes beaucoup trop de gens à être prisonniers de nos routines et à être embourbés au milieu de nos inquiétudes... que nous ne réussissons pas à nous arrêter et à prendre le temps de respirer les roses. Tous les détails de l'existence nous distraient tellement que nous perdons cette étincelle, cet enthousiasme pour la vie.

Le véritable enthousiasme est quelque chose que vous adoptez ou que vous rejetez.

Le véritable enthousiasme est un mode de vie.

L'origine du mot enthousiasme

L'origine du mot enthousiasme l'exprime parfaitement. Le mot enthousiasme provient du préfixe grec *en*, signifiant «en soi», et du mot *theos* qui signifie «Dieu». Réunissez ces deux mots ensemble et vous obtenez une brillante définition de l'enthousiasme: *en-theos*, ou *Dieu en soi*.

Pensez-y bien, si vous avez *Dieu en vous*, vous êtes radieux... vivant... passionné... puissant... vif... réel... engagé. La liste est sans fin!

C'est pourquoi j'aime la devise des scouts et guides pour les feux de camp. Leur devise est la suivante: *« Le premier feu que nous devrions allumer est la flamme à l'intérieur de nous. »* N'est-ce pas formidable? La priorité du mouvement des scouts et des guides est de faire en sorte que ces jeunes s'animent et brûlent à nouveau d'enthousiasme pour la vie. C'est une mission à laquelle je peux me rallier de tout cœur!

Je veux dire que si vous n'avez pas un feu intérieur... si vous n'êtes pas excité par la vie, par votre travail, par votre famille et par votre avenir, comment pouvez-vous vous attendre à ce que quiconque soit excité par votre vie, votre travail, votre famille et votre avenir? Le grand philosophe américain Ralph Waldo Emerson a dit un jour: *« Rien de grand n'a jamais été accompli sans enthousiasme. »* L'enthousiasme et la réussite sont comme des frères siamois: Il est difficile de trouver l'un sans l'autre!

Considérez cela sous cet angle: Chaque personne est enthousiaste à propos de quelque chose dans sa vie, n'est-il pas vrai? Alors, la clé pour vivre une existence de passion et de vitalité consiste à retenir et à conserver en mémoire votre dernier sentiment d'enthousiasme et à prolonger sa durée initiale de 6 minutes... à 60 minutes... à 60 jours... à 60 mois... à 60 ans!

« Rien de grand n'a jamais été accompli sans enthousiasme. »

Être en vie c'est être enthousiaste

Permettez-moi de conclure ce chapitre par une citation d'un des êtres les plus passionnés, enthousiastes, et emphatiques que je connaisse, Mel Brooks, l'auteur et producteur de films comiques à l'humour bizarre tels que *Blazing Saddles* et *Young Frankenstein*. Voici les mots qu'emploie Mel Brooks pour nous dire pourquoi il est si important que les gens cultivent dans leurs vies cette émotion que l'on appelle l'enthousiasme :

« Voyez-vous, je ne veux vraiment pas jouer au philosophe, mais je vous dirai que si vous êtes en vie, vous devez agiter les bras et les jambes. Il vous faut beaucoup sauter çà et là. Vous devez faire beaucoup de bruit car la vie est tout le contraire de la mort.

« Par conséquent, selon moi, si vous êtes silencieux, vous ne vivez pas. Vous devez être bruyant, ou du moins vos pensées devraient être tapageuses, colorées et animées pour que personne ne fasse l'erreur de vous croire mort avant votre temps. »

Je suis du même avis. J'estime qu'Alexander Pope avait raison au sujet de l'argent quand il a écrit : *« La passion dominante, quelle qu'elle soit... La passion dominante conquiert même la raison. »*

Il va sans dire que si je dois être dominé par une passion, alors je préférerais être dominé par l'enthousiasme plus que par 99 % des autres passions qui se disputent le contrôle de ma vie.

Voici donc le conseil que je vous donne : Si vous voulez vous laisser aller à vivre une émotion, abandonnez-vous à l'enthousiasme ! Et souvenez-vous toujours qu'il n'est jamais trop tard pour suivre le conseil du mouvement des scouts et des guides : *« Le premier feu que nous devrions allumer est la flamme à l'intérieur de nous. »*

HUITIÈME PRINCIPE :

Préparez-vous au succès

> *« Vous cognez des coups de circuit non pas par chance, mais en vous y préparant. »*
>
> – Roger Maris

J'aimerais commencer ce chapitre traitant du huitième principe, *Préparez-vous au succès* par une histoire concernant un célèbre épisode de l'histoire moderne et qui illustre avec éclat la différence entre le fait de *vous préparer vous-même au succès... et de vous préparer vous-même à échouer.*

L'incident est survenu le 15 avril 1912, dans les eaux glacées de l'Atlantique Nord, quand un navire de ligne britannique a heurté un iceberg submergé lors de son voyage inaugural.

La tragédie du *Titanic*

Ironiquement, les propriétaires du super navire, baptisé le *Titanic*, ont proclamé que leur vaisseau était le premier navire insubmersible dans le monde, en vertu de la construction de sa double coque. Les ingénieurs du *Titanic* ont avancé la théorie qu'advenant qu'un objet sous l'eau... comme un iceberg... vienne percer la coque extérieure, le navire continuerait quand même de flotter car la coque intérieure resterait intacte.

Les propriétaires avaient tellement confiance en leur ingénierie de pointe qu'ils n'étaient pas préparés à ce qui surviendrait si un iceberg transperçait non seulement la première coque mais aussi la seconde. Et c'est exactement ce qui s'est produit au cours de cette nuit fatidique de 1912.

Tragiquement, le manque de préparation a non seulement échoué à prévenir l'un des pires désastres du XXᵉ siècle en temps de paix... le *manque de préparation a en fait CAUSÉ le désastre!!!*

Voici les circonstances dont on a rarement parlé qui ont conduit au naufrage du *Titanic*, lors de son premier voyage, et au sauvetage de seulement 700 de ses passagers et membres de l'équipage.

Pas assez d'embarcations de sauvetage!

Parmi les 1 500 hommes, femmes et enfants qui se sont noyés dans les eaux glacées de l'Arctique cette nuit-là, combien pensez-vous sont morts parce que le navire a heurté un iceberg? L'étonnante réponse est... *seulement quelques personnes!* La triste vérité est que la vaste majorité des victimes ont péri parce que le *Titanic ne possédait pas suffisamment d'embarcations de sauvetage!*

Il est impardonnable, n'est-ce pas, de penser qu'une catastrophe majeure aurait pu être évitée si seulement quelqu'un avait *préparé* le *Titanic* à parer à l'imprévu: c'est-à-dire comment sauver les passagers au cas peu probable où le premier navire insubmersible du monde coulerait? Bien que le naufrage du *Titanic* s'est produit il y a presque 100 ans, cet événement continue de nous rappeler constamment ce qui peut arriver quand nous ne nous préparons PAS adéquatement.

Est-ce que vous vous préparez vous-même pour le succès ou pour l'échec?

> *«La volonté de gagner est importante. Mais la volonté de gagner ne vaut pas cinq sous à moins que vous ayez également LA VOLONTÉ DE VOUS PRÉPARER!»*
>
> **– Rick Pitino**

Ma raison de partager cette histoire avec vous est qu'elle sert de métaphore tout à fait indiquée pour votre entreprise *VOUS INC.* Voyez-vous, selon votre façon d'aborder votre vie et de gérer votre temps, vous vous préparez vous-même soit au succès ou à l'échec.

Cependant, je crois que le peuple nord-américain possède la volonté de réussir. Je n'en doute pas une seule seconde. Pour la plupart, les Nord-Américains sont ambitieux... pleins de ressources... créatifs... et laborieux. Voilà pourquoi ils sont les leaders du monde libre.

Mais je pense que la véritable raison pourquoi davantage de Nord-Américains ne réussissent pas n'est PAS que nous ne voulons pas réussir. Nous le voulons. La vraie raison au fait que davantage de Nord-Américains ne réussissent pas est *qu'il n'y en a pas suffisamment parmi nous qui se préparent adéquatement à réussir!*

Rick Pitino, entraîneur de l'équipe de basket-ball de l'université du Kentucky, laquelle a remporté le championnat du *NCAA* en 1996, l'a dit en ces termes: *«Je ne suis pas un de ces gars qui croient que la clé pour gagner est la volonté de gagner. Ne vous faites pas d'illusions, la volonté de gagner est importante. Mais la volonté de gagner ne vaut pas cinq sous à moins que vous ayez également LA VOLONTÉ DE VOUS PRÉPARER!»*

L'équipe championne de Rick Pitino avait manifestement la volonté de se préparer, car elle a écrasé les autres équipes lors du championnat, remportant la victoire en établissant un record grâce à une différence de 17 points par partie la séparant des autres équipes!

Maintenant, prenez ce qui suit en considération: Si Rick Pitino n'avait PAS préparé SON ÉQUIPE en prévision du succès, pensez-vous que l'université du Kentucky aurait remporté le championnat du *NCAA*?

Si Rick Pitino ne s'était PAS préparé LUI-MÊME en vue du succès, pensez-vous qu'il gagnerait plus d'un million de dollars par année, et qu'une demi-douzaine de propriétaires de la *NBA* seraient disposés à lui offrir le double... ou même le triple comme en ce moment? Aucune chance!

L'unique et véritable raison pourquoi Rick Pitino est l'un des entraîneurs les plus recherchés, les mieux rémunérés et qui ont le plus de succès en Amérique est son légendaire engagement vis-à-vis la préparation.

Le succès n'est pas le fruit du hasard

Réfléchissez un instant à ceci: Quand Rick Pitino était un jeune assistant-entraîneur, apprenant les ficelles du métier, il gagnait moins en un an que ce qu'il obtiendrait aujourd'hui pour prononcer le discours principal, d'une durée d'une heure, lors d'une conférence! En d'autres mots, *en se préparant au succès*, Rick Pitino a fait augmenter sa propre valeur d'une façon tellement spectaculaire qu'*une heure* de son temps, aujourd'hui, vaut ce que valait *une année* de son temps il y a 10 ans! C'est ça le pouvoir de la préparation!

Voici où je veux en venir: Le succès n'est pas le fruit du hasard. Les gens qui réussissent ne tombent pas simplement par hasard sur des lingots d'or quand ils promènent leurs chiens. Les gens couronnés de succès, comme les Rick Pitino de ce monde, consacrent d'innombrables heures à acquérir les connaissances et à développer les compétences qui augmenteront la valeur de leurs services.

En Amérique, l'information est partout

Je suis peut-être le premier à vous dire qu'il est relativement facile de se préparer soi-même au succès, en Amérique, quand on se compare à la plupart des autres pays. Nous avons ici l'éducation publique gratuite... nous avons des bibliothèques dans presque chaque quartier... nous avons des centaines de collèges préuniversitaires et communautaires à travers tout le pays. Je prétends que tous ceux qui cherchent avec beaucoup de sérieux à obtenir les informations qui les aideront à se préparer au succès peuvent y parvenir.

On ne peut pas dire la même chose de l'Équateur où j'ai grandi. Dans certains pays de l'Amérique du Sud, les enfants n'ont pas accès à des écoles, encore moins à des bibliothèques, à des écoles de métiers ou à des collèges. En Amérique du Sud, la vaste majorité des gens n'ont pas accès à cette information qui pourrait les préparer au succès et à la prospérité. Il en résulte que seuls les quelques privilégiés peuvent s'offrir la possibilité d'apprendre et de grandir. Heureusement, tel n'est pas le cas en Amérique du Nord.

> «*Plus vous en apprenez... plus vous y gagnez.*»
> – **Harvey McKay**

Avec toutes les immenses ressources qui nous sont accessibles en

Amérique, je suis convaincu que la clé de la préparation est l'initiative personnelle. L'information et le savoir sont facilement accessibles dans ce pays, mais vous devez les chercher grâce à votre propre initiative personnelle. Il vous faut apprendre, grâce à votre initiative personnelle, les techniques dont vous avez besoin pour réussir.

Considérez seulement les six derniers présidents des États-Unis. Tous, sauf un, proviennent de la classe moyenne, et deux des derniers présidents, Ronald Reagan et Bill Clinton, ont grandi dans la pauvreté avec des pères alcooliques, aux comportements violents. Dites ce que vous voulez au sujet de leurs politiques, vous ne pouvez pas nier que ces hommes ont fait ce qu'ils devaient faire pour se préparer eux-mêmes au succès.

Plus vous en apprenez... plus vous y gagnez!

Donc, la question devient celle-ci: «Quelle direction prenons-nous... et que faisons-nous pour nous préparer nous-même au succès? La réponse crève les yeux: Il vous faut obtenir de l'information et apprendre des techniques en lisant des livres... en participant à des séminaires... en écoutant des cassettes audio... en vous inscrivant à des cours... en prenant des notes... en faisant vos devoirs... en vous abonnant à des publications... en vous associant à des gagnants... en fréquentant des bibliothèques... en étant à l'écoute des sermons hebdomadaires... et en acquérant des connaissances de vos mentors. C'est ainsi que vous vous préparerez beaucoup mieux.

Une préparation accrue égale une valeur accrue. C'est aussi simple que cela. Le domaine de la médecine fournit une parfaite illustration de ce principe.

Pourquoi un spécialiste est-il plus précieux qu'un médecin généraliste?

Pourquoi un médecin généraliste est-il plus précieux qu'une infirmière?

Pourquoi une infirmière est-elle plus précieuse qu'une aide-infirmière?

La réponse se trouve dans cette simple équation: Mieux vous serez préparé, plus vous serez précieux. Et plus vous serez précieux, plus vous gagnerez d'argent. Comme Harvey McKay, l'auteur de *Nager avec les requins sans être dévoré tout cru*, le dit: «*Plus vous en apprenez... plus vous y gagnez!*»

Des connaissances accrues égalent une valeur accrue

Considérez cela sous cet angle: S'il vous fallait subir une chirurgie majeure et qu'il vous fallait payer de votre poche pour cette opération... Voudriez-vous que cette chirurgie soit exécutée par un spécialiste de renommée mondiale... ou un jeune médecin inexpérimenté qui vient tout juste de terminer son cours? En présumant que le spécialiste chargera 10 fois plus cher que le médecin nouvellement diplômé, le spécialiste vaudra-t-il cet argent supplémentaire? Vous feriez mieux de le croire!

Je ne pourrai jamais assez insister sur l'importance cruciale de la préparation. Comme je l'ai dit précédemment, dans une société de marché libre comme l'Amérique, ce que vous gagnez est directement proportionnel à ce que vous apprenez. Laissez-moi vous répéter cela une autre fois pour que vous ne l'oubliiez pas: «*Ce que vous gagnez est directement proportionnel à ce que vous apprenez.*»

Rick Pitino n'a pas accru de façon spectaculaire sa valeur et n'est pas devenu un homme gagnant plusieurs millions de dollars par année en improvisant... ou en le souhaitant seulement! Vous ne surprendrez jamais Rick Pitino en train de se reposer sur ses lauriers et d'improviser.

Quant à cela, vous ne surprendrez jamais les entraîneurs, les athlètes, les hommes ou les femmes d'affaires, les musiciens, les mécaniciens d'automobile ou les professionnels qui ont réussi... non, vous ne les surprendrez jamais à improviser. La vérité pure et simple est que les gens qui réussissent comprennent l'importance de la préparation.

La recherche personnelle n'a pas de fin

Tom Peters, l'auteur de *Le Prix de l'excellence*, l'un des livres du domaine des affaires qui s'est le mieux vendu jusqu'à ce jour, raconte l'histoire de cette première fois où il a pris conscience que la préparation au succès est un processus qui n'a pas de fin. Quand Tom Peters avait 17 ans, sa petite amie l'a invité à dîner chez elle. Le père de la jeune femme était un chirurgien prospère et ils vivaient tous dans une maison magnifique avec vue sur l'océan, à Cape Cod.

Après le dîner, tandis que le reste de la famille s'est rassemblé dans la salle de séjour pour parler, le père s'est excusé et est passé dans son cabinet de travail où il est demeuré pendant le reste de la soirée, à lire des revues médicales et à revoir les procédures chirurgicales d'une opération prévue pour le matin suivant.

> «*Les connaissances générales, quel qu'en soit le nombre ou la diversité, sont de peu d'utilité pour accumuler de l'argent.*»
> – **Napoleon Hill**

Jusqu'à cet incident, Tom Peters présumait qu'on fréquentait l'école pour y emmagasiner toutes les connaissances nécessaires pour bien accomplir le métier qu'on choisirait plus tard dans la vie... puis, une fois toutes ces connaissances acquises, vous n'aviez plus jamais à étudier ou à faire de la recherche personnelle de toute votre vie.

Mais voilà que Tom était dans la maison d'un chirurgien qui avait réussi prodigieusement, un homme qui avait passé cinq années à l'école secondaire... quatre années au collège... trois ans dans une faculté de médecine... trois autres années comme interne... et cet homme continuait encore de faire de la recherche personnelle! *«Cela ne me semblait pas juste»*, a dit plus tard Tom Peters, *«que la recherche personnelle n'ait pas de fin.»*

Eh bien, si vous vous voulez sérieusement atteindre le succès aujourd'hui, vous allez devoir faire votre «recherche personnelle», selon l'expression de Tom Peters, sur une base continue. Il va falloir que vous vous engagiez dans un mode de vie de préparation permanente!

Ce que nous apprenons à l'école

Prenons quelques instants pour parler de l'instruction scolaire et de ce qu'elle peut et ne peut pas faire pour vous aider à vous préparer au succès. Je tiens à déclarer ici même que je suis un ardent promoteur de l'éducation institutionnelle.

Pouvez-vous vous imaginer en train d'apprendre à lire, à écrire et à faire des mathématiques tout seul? Il n'y a que de rares génies qui puissent réaliser de tels exploits. Dieu merci, l'Amérique du Nord a un système d'éducation publique gratuit. Voilà pourquoi presque chaque citoyen peut apprendre les éléments de base: la lecture, l'écriture et les mathématiques.

Selon moi, le but principal de notre toute première éducation est de nous enseigner des connaissances générales. Maintenant, laissez-moi être clair sur ce point: Les connaissances générales jouent un rôle crucial dans la préparation de chacun de nous en vue de la réussite. Les connaissances générales nous fournissent les éléments de base qui nous permettent de continuer notre préparation. Mais ne faites pas l'erreur de croire que les connaissances générales sont une fin en soi!

Les mots de Napoleon Hill abondent dans ce sens, et je vous les cite: *« Les connaissances générales, quel qu'en soit le nombre ou la diversité, sont de peu d'utilité pour accumuler de l'argent. »*

Les connaissances spécialisées sont la clé du succès

Les connaissances spécialisées sont la clé du succès. C'est dans le domaine des connaissances spécialisées qu'a lieu la véritable préparation au succès. C'est là que nous pouvons accroître de façon spectaculaire notre juste valeur marchande.

Les collèges sont certainement un endroit où les gens peuvent acquérir des connaissances spécialisées, comme d'obtenir un diplôme en comptabilité. Les écoles du cycle supérieur, les écoles de médecine et les facultés de droit constituent d'autres méthodes formelles pour acquérir des connaissances spécialisées.

Malheureusement, beaucoup trop de gens parmi nous croient que l'obtention d'un diplôme marque la fin de notre éducation... alors qu'à vrai dire l'obtention d'un diplôme n'est pas la fin, c'est *le commencement!*

Le but de la cérémonie des promotions n'est pas de célébrer la fin de notre éducation. Le but de la collation des grades est de nous faire savoir que nous sommes finalement libres de *commencer notre véritable éducation.*

L'éducation traditionnelle est certainement importante. Mais si vous aviez une liste de tous les gens qui ont réussi, tout seuls et par eux-mêmes, et qui ont abandonné leurs études, vous réaliseriez très vite que l'éducation institutionnelle n'est pas la clé pour se préparer au succès.

Rien ne remplace l'initiative personnelle

Bill Gates, l'homme le plus riche en Amérique, a abandonné ses études collégiales.

Il en a été de même pour Wayne Huizenga, le fondateur de *Blockbuster Video.*

Henry Ford n'a jamais terminé son secondaire.

Et Thomas Edison n'a fait que sa quatrième année! La différence entre la plupart des décrocheurs et ces hommes qui ont réussi par-delà leurs espérances est leur niveau d'engagement par rapport à une acquisition continue du savoir.

Les Bill Gates et les Wayne Huizenga de ce monde comprennent que la seule façon d'accroître de manière spectaculaire la valeur de votre entreprise *VOUS INC.* est par le moyen de l'initiative personnelle. Bill Gates n'a pas appris à concevoir des logiciels sur les bancs d'école. Bill Gates a appris à connaître les logiciels en lisant des manuels de logiciels *IBM* et en faisant appel à des programmeurs pour leur demander des renseignements.

Bill Gates savait instinctivement que pour se préparer au succès, VOUS devez prendre l'initiative d'aller chercher les connaissances... VOUS devez prendre l'initiative d'acquérir les techniques... VOUS devez prendre l'initiative de développer vos points forts jusqu'à ce qu'ils dépassent ceux de votre concurrent... et VOUS devez prendre l'initiative d'améliorer vos points faibles afin qu'ils ne deviennent pas votre ruine.

Par conséquent, les questions suivantes se posent manifestement. Où obtiendrez-vous l'information qui fera augmenter votre juste valeur marchande? Où allez-vous trouver les connaissances? Où apprendrez-vous les techniques?

Les meilleures sources d'information

Je vous ai fait part précédemment dans ce chapitre de tous les endroits où vous pouvez obtenir la préparation dont vous avez besoin pour réussir. J'aimerais maintenant déterminer ce que je considère être les quatre meilleures sources pour acquérir des connaissances et la compréhension, et j'aimerais discuter ensuite de chacune de ces sources en détail. Les voici:

1. Des livres;

2. Des cassettes;

3. Des séminaires;

4. Des relations.

Commençons par exposer comment vous pouvez accroître de façon spectaculaire votre valeur en lisant tous les jours.

Lisez 10 pages par jour

Pensez-vous que vous pourriez trouver le temps de lire 10 pages d'un livre chaque jour? Pour la plupart des gens, cela signifierait de se réserver 20 à 30 minutes chaque jour pour lire. Si vous lisiez 10 pages par jour, savez-vous combien de livres de 180 pages vous pourriez lire en une année? La réponse est presque 20 livres!

Sur une période de 10 ans, cela représenterait environ 200 livres. Maintenant, pensez-vous qu'il est raisonnable de dire que vous pourriez ajouter une valeur significative à votre entreprise *VOUS INC.* si vous lisiez 200 livres sérieux traitant d'un large éventail de sujets? Évidemment!

Il existe un grand nombre de livres extraordinaires accessibles qui peuvent vous aider à vous préparer au succès. *Lisez un livre sur la gestion du temps*. Vous devez savoir où investir votre temps pour tirer le meilleur parti de chacune de vos journées.

Lisez un livre sur la motivation personnelle. Nous sommes tous déprimés de temps à autre; il nous faut donc alors alimenter notre esprit avec des informations positives qui peuvent nous aider à chasser nos idées noires et à nous remettre sur la bonne voie.

Lisez un livre sur la façon de devenir un meilleur parent. Lisez un livre traitant des dernières tendances dans le domaine économique et dans celui des affaires. Lisez un livre de poésie. Lisez la biographie d'un multi-millionnaire. Lisez un livre sur chacun des 10 principes dont nous parlons dans VOUS INC. *Lisez... lisez... lisez.*

Ceux qui lisent par opposition à ceux qui ne lisent pas

Nous avons tous entendu les politiciens parler de ceux qui «possèdent» et ceux qui ne «possèdent pas», n'est-ce pas? Eh bien, selon un récent sondage mené par l'*Association des bibliothécaires américains*, ceux qui «possèdent», les riches – c'est-à-dire, ceux qui touchent un revenu supérieur à 80 % des gens aux États-Unis – lisent des livres plus que jamais auparavant. C'est pourquoi la vente des livres a augmenté chaque année dans ce pays!

> «La personne qui peut lire et ne le fait pas est aussi désavantagée dans la vie que la personne qui ne peut pas lire.»
>
> **– Anonyme**

Toutefois, les plus démunis n'achètent pas de livres. Ils ne vont même pas à la bibliothèque pour consulter les livres gratuitement. Les gens démunis sont devenus «ceux qui ne lisent pas»... et ce n'est pas parce qu'ils ne PEUVENT PAS lire. La vaste majorité de ceux qui ne lisent pas CHOISISSENT DE NE PAS LIRE!

Lisez ceci attentivement: Le pourcentage de Nord-Américains illettrés est demeuré à peu près le même depuis les années 60. Cependant, un nombre croissant de Nord-Américains capables de lire choisissent de ne PAS lire. Selon certaines évaluations, au moins 20 % des Nord-Américains lettrés sont des gens qui ne lisent pas. C'est tout simplement inexcusable!

Un sage a dit un jour: «*La personne qui peut lire et ne le fait pas est aussi désavantagée dans la vie que la personne qui ne peut pas lire.*» Je dirais même plus: La personne capable de lire et qui ne lit pas est dans une situation pire que l'individu qui ne peut pas lire car elle choisit de passer à côté d'une pratique précieuse, la lecture! C'est une honte!

La corrélation entre le fait de ne pas lire et de ne pas posséder

Pensez-vous qu'il y a une corrélation, ici, entre le fait de ne pas posséder et celui de ne pas lire? Vous pouvez parier que oui! Et dans un pays comme le nôtre, avec une librairie sur presque chaque coin de rue... avec une bibliothèque secondaire dans presque chaque quartier... avec des informations sur Internet, au bout de nos doigts... cela constitue une disgrâce nationale que les gens lettrés évitent de lire!

On n'a tout simplement aucune excuse d'être ignorants en Amérique du Nord. AUCUNE!

Les cassettes audio et vidéo

Examinons maintenant une autre splendide source de connaissances et d'informations: les cassettes audio et vidéo. Les cassettes audio et vidéo constituent de formidables sources d'information car elles sont pratiques et d'un prix abordable.

Grâce aux cassettes vidéo, vous pouvez assister à un séminaire professionnel, sur à peu près n'importe quel sujet, dans le confort de votre salle de séjour; par le moyen de cassettes audio, vous pouvez recevoir une éducation de première classe pendant votre trajet aller-retour au travail.

Dans ce pays même où nous vivons, souvenez-vous qu'il n'y a pas tellement d'années de cela, les gens avaient à se donner beaucoup de mal pour s'instruire. Nous avons tous entendu des histoires racontées par nos parents ou nos grands-parents à propos du temps jadis quand il leur fallait marcher 15 kilomètres pour aller et revenir de l'école. Ou ces histoires au sujet d'Abraham Lincoln qui s'était confectionné un tableau noir et qui recopiait au propre ses devoirs à la lumière du foyer.

Nous ne parlons pas ici de fiction hollywoodienne. Nous ne sommes qu'à deux générations de la petite école à une seule pièce. Mais voyez à quel point il est facile d'avoir accès à des informations aujourd'hui. La technologie a pour ainsi dire amené l'école jusqu'à notre porte.

Il est tellement facile d'obtenir des informations de nos jours et les cassettes audio et vidéo sont tellement accessibles et disponibles qu'il est inexcusable de ne PAS accroître vos connaissances chaque jour.

Considérez cela sous cet angle: Que seriez-vous prêt à payer pour que les meilleurs penseurs du monde... les gens d'affaires les plus riches... les philosophes les plus sages... les experts les plus respectés dans le domaine de votre choix... pour que ces gens vous accompagnent dans votre auto, chaque jour, vous prodiguant leurs judicieux conseils?

Votre auto peut être une salle de classe sur roues

Débourseriez-vous 100 $ de l'heure pour passer l'après-midi à vous promener avec Zig Ziglar, l'un des plus grands motivateurs et formateurs dans le domaine de la vente?

Selon vous, cela vaudrait-il 1 000 $ de faire la navette entre votre résidence et votre travail, pendant une semaine, en compagnie de Warren Buffet, l'investisseur milliardaire?

Eh bien, grâce aux cassettes audio, vous pouvez faire appel à tous les Ziglar et Buffet de ce monde pour seulement quelques sous par jour. Quelle personne intelligente qui veut obtenir davantage de la vie ne saisirait PAS l'occasion de transformer une navette improductive entre le travail et la maison en une expérience éducative pleine d'informations?

Avez-vous une idée du montant que *General Motors* investit chaque année dans la recherche et le développement? *GM dépense plus d'un milliard chaque année dans ce domaine!* Un milliard de dollars à toutes les années! Croyez-vous que c'est là une des raisons majeures pourquoi *GM* est l'une des sociétés les plus rentables du monde! Vous pouvez en être sûr!

Quel est votre budget de recherche et développement pour *VOUS INC.*?

> **«*C'est ce que vous retenez de tout ce que vous avez appris qui compte.*»**
>
> **John Wooden**

Disons que vous avez investi 100 $ par mois sur des livres et des cassettes pour améliorer votre entreprise *VOUS INC.* Cela représente 1 200 $ par année, n'est-ce pas? Et pour bien des gens, cela est beaucoup d'argent. Mais est-ce que cela vaudrait la peine pour vous d'investir 25 $ par semaine pour améliorer *VOUS INC.* si vous saviez que cela peut accroître de façon spectaculaire votre juste valeur marchande? Dépenseriez-vous, par exemple, 1 000 $ par année pour des informations qui vous aideraient à gagner 10 000 $ de plus, ou peut-être même 100 000 $ de plus, par année? Ne serait-ce pas une façon sage d'investir votre temps et votre argent? Cela crève les yeux!

La pure vérité est que si vous n'investissez PAS une partie de votre revenu brut pour la recherche et le développement de *VOUS INC.*, vous vous préparez à être l'architecte de votre propre échec. Comme le disait John Wooden, l'entraîneur le plus victorieux dans l'histoire du basket-ball collégial: «*C'est ce que vous retenez de tout ce que vous avez appris qui compte.*»

Des séminaires éducatifs et des événements de formation

Les séminaires ou les événements en direct sont la troisième source clé de ma liste pour acquérir des connaissances. Pas une seule semaine ne passe sans que je ne reçoive des tas de prospectus dans le courrier faisant la promotion de séminaires traitant d'un éventail complet de sujets: de «comment gérer votre temps efficacement» à «comment améliorer vos capacités à communiquer». Je parie que vous pourriez assister presque chaque semaine de l'année à un séminaire local qui améliorerait votre entreprise *VOUS INC.*

Un bel éventail de mots qui se terminent en «t-i-o-n»

Ce que j'aime vraiment lorsque j'assiste à des séminaires en direct est que vous obtenez un bel éventail de mots se terminant en «t-i-o-n». Ces mots dont je parle sont informa-*tion...* éduca-*tion...*inspira-*tion...* émo-*tion...*motiva-*tion...* interac-*tion...*et valida-*tion.*

Pensez-vous que le fait d'assister à un séminaire qui vous enseigne comment mieux communiquer avec votre conjoint ou conjointe pourrait améliorer votre mariage?

Pensez-vous qu'un séminaire qui explique des moyens sans problèmes d'épargner de l'argent pourrait vous aider à vous préparer à une retraite plus sûre?

Pensez-vous qu'un séminaire qui vous enseigne des méthodes éprouvées pour accroître vos revenus pourrait améliorer votre mode de vie? C'est bien évident!

Un séminaire qui en vaut la peine est, en effet, un cours supérieur hautement spécialisé, condensé sur une période de quelques jours ou quelques heures. Si vous considérez ce que les livres et la scolarité coûtent de nos jours pour un cours collégial, vous conviendrez certainement que la plupart des séminaires sont une aubaine!

Les relations

Les relations sont la dernière source d'information et de savoir dont je veux parler avec vous. Comme me dit toujours ma mère: *«Dis-moi qui tu fréquentes et je te dirai qui tu es.»*

Si vous fréquentez des gens qui lisent des livres... qui écoutent des cassettes... et qui assistent à des séminaires, devinez quoi? Il y a de très fortes chances que vous lisiez des livres... écoutiez des cassettes... et que vous assistiez à des séminaires! Ce n'est vraiment pas sorcier, mes amis, c'est seulement le simple bon sens!

Vous vous tenez avec des aigles, et devinez quoi, vous commencez à agir comme un aigle. Vous vous mettez à voler comme un aigle. Mais pouvez-vous imaginer ce qui arrive à des gens qui se tiennent avec des canards? Vous avez raison... ils se mettent à cancaner et à marcher comme un canard. Avez-vous déjà entendu l'expression «c'est une cible facile»? Cela signifie que quelqu'un reste assis quelque part, attendant qu'un désastre survienne.

Quand vous vous préparez vous-même au succès, vous devez rechercher des relations durables avec des gagnants enthousiastes et qui ont un objectif... au lieu de vous associer avec des perdants qui deviennent jaloux quand vous commencez à les surpasser.

Pour vous préparer au succès, il vous faut cultiver des relations sincères avec des mentors qui peuvent vous aider à atteindre un nouveau niveau d'accomplissement. Pour vous préparer au succès, vous devez vous forger de nouvelles relations avec des gens qui vous mettront au défi de grandir et de quitter votre zone de confort. Pour vous préparer au succès, vous devez laisser tomber les gens qui vous retiennent, qui vous empêchent d'avancer.

Le pouvoir d'une association

Laissez-moi vous illustrer le pouvoir des relations grâce à une histoire à propos de trois jeunes garçons qui marchaient sur une voie de chemin de fer.

L'un des garçons était un bien meilleur athlète que les deux autres, et il leur lançait toujours un défi à relever qu'il gagnait immanquablement.

À un peu plus d'un kilomètre à l'extérieur de la ville, le jeune garçon athlétique a mis au défi les deux autres de chercher à savoir qui pourrait marcher le plus longtemps sur un rail. *«Je vais y aller en premier»*, a crié le garçon athlétique avec un sourire confiant sur les lèvres. Il a sauté sur un des rails et a marché pendant presque 100 mètres avant de perdre son équilibre. *«Essayez de battre cela»*, a-t-il dit, sûr de lui, aux deux autres garçons.

Les deux garçons qui avaient moins de coordination savaient qu'ils ne pouvaient pas l'emporter sur leur ami athlétique chacun de leur côté. Ils se sont donc concertés et ont conçu un plan ingénieux: Avec l'aide de son ami, l'un des garçons est parvenu à se maintenir en équilibre sur le rail. L'autre garçon est monté sur le rail opposé et, tout en tenant la main de son ami, il s'est maintenu lui-même en équilibre sur le rail. Puis, se tenant toujours la main, les deux amis ont marché chacun sur son rail respectif jusqu'à la ville!

Quelle extraordinaire illustration qui explique clairement comment une relation entre deux personnes, qui ont un objectif précis, peut produire de bien plus grands résultats que si chaque personne opérait individuellement!

Pas d'excuse pour un manque de préparation

Je veux clore ce chapitre par l'histoire d'une femme qui comprend vraiment ce que signifie se préparer au succès. Le nom de cette femme est Laura Sloate, et elle est l'associée principale d'une firme de gestion financière qui veille sur un demi-milliard de dollars d'actifs.

> *« Vous pouvez trouver des excuses... ou vous pouvez faire de l'argent. Mais vous ne pouvez pas faire les deux en même temps! »*
> **– Anonyme**

Soit dit en passant, madame Sloate réussit de façon phénoménale. En l'espace de cinq ans, les comptes personnels qu'elle a gérés ont eu un rendement moyen de 25 % ou plus par année!

Il va de soi que dans le domaine de madame Sloate, son travail consiste à donner de l'information de façon intensive. Elle doit constamment surveiller les marchés internationaux... elle doit évaluer un grand nombre de rapports financiers chaque semaine... et elle doit dominer la situation en ce qui a trait même aux plus modestes tendances globales d'achat.

La réussite de Laura Sloate ne suscite aucune surprise chez les gens qui la connaissent car d'après ses amis et sa famille, elle s'est préparée en vue du succès dès son plus jeune âge.

Même quand elle était une enfant, Laura écoutait des cassettes... assistait à des séminaires... et demandait des conseils à des mentors. Depuis l'âge de six ans, elle s'est mise à la recherche de tout ce qui, dans les nouvelles technologies, pouvait l'aider à se préparer au succès. Étonnamment, la seule chose qu'elle n'a pas faite... a été de lire.

À vrai dire, jusqu'à ce jour, Laura Sloate ne lit pas, malgré le fait que l'information soit le principe vital de son entreprise. Cela ne veut pas dire que Laura Sloate n'est pas disciplinée, ou mal préparée. Laura Sloate est au contraire une fontaine d'informations sur à peu près n'importe quel sujet que vous pouvez imaginer. Mais aussi invraisemblable que cela puisse être, elle n'a pas obtenu ces informations grâce à la lecture.

Voyez-vous – *Laura Sloate est aveugle depuis l'âge de six ans !*

Si Laura Sloate peut se préparer au succès, vous le pouvez aussi !

Vous pouvez apprendre deux grandes leçons de Laura Sloate : La première est que son histoire nous rappelle qu'à l'ère de l'information, nous devons faire nos devoirs. On ne peut pas se reposer sur ses lauriers. Comme Laura Sloate, nous devons rester au sommet de l'information tous les jours... nous devons adapter les anciennes techniques et en apprendre de nouvelles, sinon on nous laissera à l'écart.

Et la seconde leçon que la remarquable histoire de Laura Sloate nous enseigne est que nous ne pouvons pas trouver d'excuses quand nous ne nous préparons PAS nous-mêmes au succès. Des gens me disent constamment qu'ils sont tellement épuisés à la fin de la journée qu'ils se sentent incapables de lire 10 pages par soir.

D'autres se plaignent qu'ils sont tellement affairés qu'ils ne peuvent absolument pas assister à un séminaire de fin de semaine pour y apprendre une nouvelle compétence.

D'autres encore se lamentent qu'ils ont un budget tellement restreint qu'ils ne peuvent pas se permettre d'acheter des livres sur les progrès personnels et des cassettes de motivation.

Eh bien, je crois que vous ne pouvez pas vous permettre de ne PAS les acheter ! Comme je l'ai cité précédemment : *« Vous pouvez trouver des excuses... ou vous pouvez faire de l'argent. Mais vous ne pouvez pas faire les deux en même temps ! »*

Pas d'excuses

Tout ce que je sais c'est que Laura Sloate a une meilleure excuse que 99 % des gens de ce monde, et cela ne l'a pas empêchée de se préparer au succès. Tout ce que je sais c'est que Laura Sloate dit que sa cécité n'est pas un problème et que ses employés et elle-même n'y pensent jamais. Tout ce que je sais c'est que Laura Sloate peut se préparer elle-même au succès, VOUS LE POUVEZ VOUS AUSSI!

Le fin mot de l'affaire est que Laura Sloate choisit de se *préparer elle-même au succès...* plutôt que de choisir d'utiliser ses limites comme excuses pour *se préparer elle-même à l'échec.*

De même, vous et moi avons le choix. Nous pouvons choisir de ne PAS nous préparer au succès et finir de façon désastreuse, comme le *Titanic.* Ou nous pouvons choisir de nous préparer nous-mêmes au succès et être des émules de Laura Sloate.

En ce qui me concerne, j'ai choisi de faire route avec les Laura Sloate de ce monde. QU'EN EST-IL DE VOUS?

NEUVIÈME PRINCIPE:

Équilibrez votre vie

> *«Quand le Grand Marqueur vient écrire à côté de votre nom, il inscrit non pas que vous avez gagné ou perdu, mais comment vous avez joué la partie. »*
>
> – Grantland Rice

L'Amérique du Nord est un pays en mal d'équilibre. À preuve, vous n'avez qu'à parcourir l'une ou l'autre édition de votre journal local. Vous y lirez que:

— Les faillites sont à la hausse.

— Les revenus sont à la baisse.

— Un bébé sur trois naît hors mariage.

— Un Nord-Américain sur trois est obèse.

— Un mariage sur deux dans ce pays se termine par un divorce.

— Les prisons sont surpeuplées.

— Les enfants sont difficiles à contrôler.

— La fréquentation des églises est en chute libre.

Nous sommes plus absents que présents

Les statistiques nous révèlent que de plus en plus d'Américains souffrent d'un mal qui répand la terreur: oui ils sont «mentalement compartimentés»... débranchés sur le plan spirituel...

exploités sur le plan financier... et stressés physiquement. Il semble que de nos jours nous soyons plus absents que présents.

Quand nous manquons d'équilibre, nous penchons d'un côté ou de l'autre, attendant seulement qu'un vent violent ou qu'une grosse vague nous renverse. Mais lorsque nous sommes en équilibre, nous sommes solides... stables... nous nous tenons droits... et il y a bien des chances que nous demeurions ainsi, quelles que soient les conditions météorologiques.

En mal d'équilibre... en mal de contrôle

Les gens qui souffrent d'absence d'équilibre sont de véritables désastres en devenir. On n'a qu'à voir ce qu'il advient de tant de gens célèbres «qui ont tout ce qu'ils peuvent désirer»... et qui le perdent complètement quand leurs vies sombrent dans le déséquilibre.

Elvis Presley, le chanteur qui a vendu plus de disques que quiconque dans l'histoire, meurt à l'âge de 42 ans, égaré par la drogue et avec 35 kilos en trop.

Marilyn Monrœ, la plus belle femme du monde, s'éteint avant son 40e anniversaire de naissance, apparemment d'un suicide relié à la dépression.

Ty Cobb, l'un des plus grands frappeurs de l'histoire du baseball disait souvent qu'il aurait préféré avoir frappé moins de coups sûrs et avoir eu un peu plus d'amis. Il est mort esseulé et sans amis.

Joe Louis, le boxeur professionnel qui a encaissé des millions de dollars au cours de son règne de 12 ans au titre de champion mondial des poids lourds, a passé les 10 dernières années de sa vie sans le sou, ne survivant que grâce à la charité des autres.

Je pourrais aisément remplir plusieurs pages d'exemples de gens de renommée mondiale qui se sont détruits eux-mêmes parce qu'ils manquaient d'équilibre dans leurs vies.

Mais avant de vous expliquer comment équilibrer votre vie, permettez-moi de partager avec vous une brève histoire que j'ai vue par hasard dans un bulletin d'actualité. Le bulletin couvrait la présentation et la démonstration d'un extraordinaire nouveau navire, et j'ai compris immédiatement que le concept unique de ce navire servait à nous rappeler de façon éclatante l'importance de l'équilibre.

Un navire insubmersible de la garde côtière

En guise de préambule à cette histoire, je me permets de vous dire que j'ai entretenu pendant toute ma vie une grande passion pour les bateaux. Ma famille ayant toujours vécu près de l'océan, j'ai pu profiter amplement de balades en bateau et j'ai possédé ma propre embarcation dès que j'ai su nager. Je vous fais part de cela pour que vous compreniez mieux le sentiment extraordinaire que cette démonstration de navire a suscitée en moi. J'ai été littéralement transporté!

Cette démonstration présentait une nouvelle embarcation de sauvetage réalisée spécialement pour les navires de la garde côtière, servant de patrouilles lors de gros temps et au cours de sauvetages.

Ce navire peut résister aux pires tempêtes de l'océan car il a été conçu pour se redresser lui-même en moins de 6 secondes quand il se renverse sur le côté. En fait, la garde côtière affirme que le navire, même s'il est retourné bout à bout – proue par-dessus poupe en langage nautique – peut quand même se redresser en 20 secondes!

Le bulletin d'actualité montrait un essai dans lequel le navire était ramené vers l'arrière, de façon à ce que le fond de la coque pointe droit en l'air. Et, effectivement, le navire a semblé se soulever comme un bouchon de liège, pour ensuite se propulser lui-même grâce à sa propre puissance!

Le secret de l'équilibre étonnant de ce navire réside dans un assemblage de chambres à air alvéolées, disposées sur toute la surface intérieure de la coque. Il en résulte que le fait d'essayer de submerger le navire équivaut à tenter de submerger un ballon de basket-ball. Tout comme l'air contenu dans le ballon de basket résiste à votre tentative de le submerger... l'air que renferment les chambres à air alvéolées du navire le force à remonter à la surface.

L'équilibre nous aide à affronter les tempêtes dans nos vies

> *«Et quel avantage l'homme aura-t-il à gagner le monde entier, s'il le paie de sa vie?»*
> – (Matthieu 16, 26)

Toutefois, il y a un mauvais côté à la flottabilité de ce navire. Les chambres à air alvéolées occupent tellement de place que l'espace à bord est très restreint, allouant tout au plus suffisamment d'espace dans la coque pour le poste de pilotage et un compartiment de survie. Selon les mots mêmes du constructeur: *«Ceci n'est pas un yacht de luxe. Il faut renoncer à bien des choses pour obtenir un espace de flottabilité.»*

Nous pouvons tirer plusieurs leçons de cet étonnant navire de sauvetage. D'abord, et de toute évidence, il y a la notion d'équilibre. Le navire représente la parfaite métaphore quant à l'importance d'équilibrer nos vies. Lorsque nous parvenons à cet équilibre, nous parvenons aussi à la stabilité... même sous la menace de tempêtes imprévisibles et soudaines.

La réalité de la vie est que des vents violents et des vagues soudaines peuvent nous clouer au sol, sans aucun avertissement. Il se peut même que nous tombions complètement à la renverse. Mais quand nos existences sont équilibrées, nous sommes aptes à nous redresser, à nous relever rapidement et à continuer d'avancer vers notre destination. De là l'importance de l'équilibre. À vrai dire, l'équilibre est l'essence même de notre bien-être.

Il faut abandonner quelque chose pour obtenir autre chose en retour

L'autre partie de la métaphore qui s'avère tellement opportune est ce que le constructeur avait à dire au sujet du concept: *«Ceci n'est pas un yacht de luxe. Il faut renoncer à bien des choses pour obtenir un espace de flottabilité.»*

Réfléchissez pendant un moment à la déclaration du constructeur: *«Il faut renoncer à bien des choses pour obtenir un espace de flottabilité.»* En d'autres mots, il dit qu'il y a un échange, un compromis à faire. Comme pour tout dans la vie, il vous faut renoncer à quelque chose pour obtenir autre chose en retour.

Il en va de même pour restaurer l'équilibre dans votre vie, il y a un compromis à faire. On ne peut pas tout avoir dans la vie. On ne peut pas manger de la pizza tous les soirs de la semaine, engloutir ensuite un litre de crème glacée et s'attendre à rester minces et en santé. Parvenir à un juste équilibre exigera probablement que vous renonciez à certaines choses parce qu'elles vous font pencher sur le côté, tel un navire qui donne de la bande... et cela fera en sorte que vous puissiez vous tenir d'aplomb sur l'eau, même quand le vent souffle.

> *«Mon meilleur ami est celui qui fait ressortir ce qu'il y de meilleur en moi.»*
>
> **– Henry Ford**

La loi immuable de l'univers

À bien y réfléchir, le juste équilibre est essentiel au fonctionnement en douceur de presque tout dans ce monde. Vous n'avez qu'à examiner les expressions suivantes qui viennent confirmer l'importance que revêt l'équilibre:

Lorsque «l'équilibre des pouvoirs» parmi les nations se dérègle, la guerre est imminente.

Lorsque «l'équilibre commercial» entre les pays se déstabilise, les barrières commerciales s'érigent.

Lorsque «l'équilibre naturel» se désynchronise, les animaux et les plantes risquent l'extinction. L'équilibre est une loi immuable de l'univers. Et nous la transgressons à nos propres risques!

Les bienfaits de l'équilibre

Entrons maintenant dans le vif du sujet: Qu'entendons-nous par avoir de l'équilibre dans nos vies? Permettez-moi de répondre à cette question en vous posant une question: Vous souvenez-vous de la première fois où vous avez appris à aller à vélo? Que s'est-il produit quand vous vous êtes un peu trop penché d'un côté? Vous êtes tombé, n'est-ce pas?

La fois suivante, vous vous êtes penché un peu trop de l'autre bord pour compenser, et vous êtes tombé encore une fois. Mais graduellement, après bien des tentatives, beaucoup de pratique et quelques écorchures au genou, vous avez d'abord appris la *valeur* de l'équilibre... et deuxièmement, vous avez appris *comment* garder votre équilibre.

Ô surprise, après avoir appris comment garder votre équilibre sur votre vélo, vous pouviez désormais rouler des kilomètres sans fin, sans jamais tomber!

Vous souvenez-vous de cette sensation? N'était-ce pas un accomplissement extraordinaire? Et comment donc! Et c'est exactement ce qui se produit quand vous équilibrez votre vie.

> *« Il y a trois choses qui sont extrêmement dures: l'acier, un diamant, et de se connaître soi-même. »*
> – Benjamin Franklin

Voyez-vous, la vie c'est comme d'aller à vélo. Si vous êtes déséquilibré dans votre vie, vous allez tomber – ce qui signifie que vous serez incapable d'atteindre votre destination... et vous n'allez certes pas apprécier le trajet!

L'équilibre et votre entreprise *VOUS INC.*

Vous vous demandez peut-être: *« Qu'est-ce que toutes ces réflexions sur l'équilibre ont à voir avec VOUS INC. ? »* Ma réponse est: *« TOUT, ABSOLUMENT TOUT »!* Il s'agit dans *VOUS INC.* d'améliorer votre valeur de façon spectaculaire dans *tous les secteurs de votre vie*, et pas seulement dans votre compte en banque. Comme le dit la Bible: *« Et quel avantage l'homme aura-t-il à gagner le monde entier, s'il le paie de sa vie? »* En d'autres mots, l'argent n'est pas une fin en soi. L'argent est un MOYEN qui mène à une fin... et cette fin consiste à *ajouter de l'équilibre* à votre vie.

L'histoire de Silas Marner

Avez-vous déjà lu le roman de Silas Marner à l'école secondaire? Silas Marner était un ermite avare dont le seul plaisir dans la vie était de rentrer chez lui pour compter son argent chaque soir.

Au début du roman, c'est un homme riche financièrement, mais sa vie était totalement déséquilibrée.

Il était sans amis...

Il était non croyant...

Il était sans amour...

Jusqu'au moment où un bébé orphelin est apparu mystérieusement sur le seuil de sa porte. Silas Marner a vu alors son existence changer du jour au lendemain car il a été obligé de rechercher l'équilibre dans sa vie. Dans sa quête d'équilibre pour son entreprise *VOUS INC.*, Silas Marner a commencé à ouvrir son cœur et son esprit à des émotions et à des expériences qu'il avait négligées pendant des années. À la fin du roman, Silas Marner était non seulement bien nanti financièrement, mais il était beaucoup plus riche à d'autres égards, dans sa vie.

Voilà ce que je veux dire lorsque je parle du besoin d'équilibre dans votre vie. À négliger certains aspects de votre vie, comme votre famille et vos amis, tout en vous laissant trop absorber par d'autres aspects – comme de tenter de vous enrichir – vous foncez tête baissée dans le piège de Silas Marner.

Entretenir les «cinq F» dans votre vie

J'aimerais maintenant vous parler des cinq aspects de votre vie qui vous confèrent l'équilibre. J'ai entendu pour la première fois la description de ces cinq aspects sous l'appellation des «cinq F» lors d'un discours de Jim Hansberger, un très prospère agent de change.

La clé de l'équilibre dans votre vie consiste à allouer temps et attention à parts égales entre les cinq F. Les voici donc par ordre d'importance:

1. La foi;
2. La famille;
3. La bonne forme physique;
4. Les fréquentations, les amis;
5. Les finances.

Pour mieux expliquer de quelle façon les cinq F influent sur l'équilibre de votre vie, j'aimerais que vous compariez l'équilibre à une roue. Au centre de la roue se trouve un moyeu que l'on appelle la foi. Les rayons qui relient le moyeu à la jante de la roue représentent les quatre autres F, c'est-à-dire la famille, la bonne forme physique, les fréquentations et les finances.

Si le moyeu est faible ou manquant, la roue s'effondrera même sous la plus petite des pressions. Si un ou plus des rayons sont faibles ou manquants, la roue vacille et plie quand elle heurte les bosses et les trous sur la route de la vie.

Mais quand le moyeu est fort, quand les rayons sont solides et espacés également à l'intérieur de la roue... quand la roue est huilée et entretenue régulièrement, elle pourvoira à nos besoins et nous durera toute une vie!

Prenons maintenant quelques instants pour parler de chacun des cinq F pour que nous comprenions et apprécions pleinement pourquoi chacun de ces aspects est digne de nos talents, de nos efforts, de notre engagement, et qu'on y consacre de notre temps.

La foi

Commençons par le premier F sur notre liste: Le moyeu, le centre de notre roue équilibrée – le concept de la *foi*. Pour commencer, je veux vous rappeler une vérité incontestable:

Il y a un Créateur.

Tout comme un livre est la preuve de l'existence de son auteur... tout comme un poème est le témoignage d'un poète... tout comme une chanson est la preuve de l'existence de son compositeur... la création est la preuve de l'existence d'un créateur.

Pour ce qui me concerne, les scientifiques peuvent affirmer jusqu'à la fin des temps que la vie est un accident cosmique occasionné par le «big bang». Et les philosophes peuvent écrire des tas de volumes pour expliquer pourquoi Dieu est mort, selon eux.

La seule chose que je sais est la suivante: Si ce n'était d'un Créateur infiniment intelligent et infiniment plein d'amour que j'appelle Dieu, je ne serais pas ici pour vous écrire ceci… et vous ne pourriez pas être là pour me lire.

Le plus grand succès de librairie de tous les temps, la Bible (et je pourrais ajouter que la Bible est en tête de la liste de ces grands succès, chaque année, depuis que cette liste existe) définit la foi comme étant *« une manière de posséder déjà ce qu'on espère, un moyen de connaître des réalités qu'on ne voit pas. »*

Ce n'est pas parce que vous ne pouvez pas voir la foi que cela signifie qu'elle n'existe pas. Cela signifie-t-il qu'elle n'est pas réelle ? Bien sûr que non ! À vrai dire, de plus en plus de recherches scientifiques prouvent que la foi est vivante… et aussi réelle que la réalité elle-même.

Le pouvoir guérisseur de la foi

Le docteur Larry Dossey, ancien chef du personnel au *Medical City Dallas Hospital*, a écrit un livre intitulé *Mots de guérison : Le pouvoir de la prière et la pratique de la médecine*. Dans son livre, le docteur Dossey cite 130 études des 30 dernières années qui démontrent indubitablement que la foi manifestée par l'intermédiaire du pouvoir de la prière peut aider des patients à guérir.

Le docteur Dossey appelle la prière : «… l'un des secrets les mieux gardés de la science médicale. » Larry Dossey résume ses découvertes par ces mots : *« Quand les gens entrent dans une disposition d'esprit favorisant la prière, de bonnes choses surviennent à ceux pour qui ils prient. »*

Il n'y a pas d'athées dans une tranchée

Un vieil adage dit que vous ne trouverez pas d'athées dans une tranchée pendant une guerre. Il existe une façon plus claire de dire cela quand nous sommes dans le besoin : Nous nous tournons toujours vers Dieu.

Il ne fait aucun doute que Dieu est une source de force et d'espoir lorsque nous sommes dans le besoin. Mais les gens qui attendent d'être sur leur lit de mort pour négocier avec Dieu ne vivent pas avec la foi placée au cœur de leur existence. Et c'est une grande perte pour eux. Comme l'a dit un sage un jour: «*Un homme qui ne prie pas peut savoir beaucoup de choses au sujet de Dieu. Mais seul un homme qui prie peut CONNAÎTRE Dieu.*» Connaître Dieu grâce à la foi et à la prière est donc le premier domaine sur lequel nous devons concentrer notre attention si nous voulons équilibrer nos vies.

La famille

Le second des cinq F est la *famille*. Étant le père de quatre enfants, je peux vous dire en connaissance de cause toute l'importance de la famille. J'habite à moins de 20 minutes de ma mère et de mon beau-père et je leur parle presque tous les jours.

Je suis souvent étonné du nombre de gens que je rencontre et qui ne sont pas proches de leurs familles. Il semble que dans notre société en constante mobilité ce soit la règle plutôt que l'exception que des enfants vivent à des milliers de kilomètres de leurs parents. Pour ajouter au tragique de la situation, plusieurs de mes amis et de mes connaissances ne communiquent même pas avec leurs parents une fois par semaine, et leur rendent visite encore moins souvent.

Beaucoup trop de gens téléphonent à leurs parents moins d'une fois par mois, et n'ont même pas à cœur de leur faire parvenir des cartes et des présents pour souligner des journées spéciales, tels les anniversaires... la fête des Mères... la fête des Pères... et les autres occasions.

Pensez-y quelques instants – vos parents ont jeté les bases de tout ce que vous êtes ou deviendrez! À moins que vos parents ne soient criminels ou abusifs, vous leur devez non seulement votre amour mais aussi votre respect... et votre gentillesse.

Il est tragique de devoir rappeler aux gens qu'une famille aux liens solides est l'un des ingrédients clés d'une vie équilibrée. C'est comme de dire à des gens assoiffés qu'ils devraient boire de l'eau. Cela va de soi, n'est-ce pas?

La plus grande forme d'abus aujourd'hui

> «Un homme qui ne prie pas peut savoir beaucoup de choses au sujet de Dieu. Mais seul un homme qui prie peut CONNAÎTRE Dieu.»
> — Anonyme

Il est frustrant de voir des gens tenir leurs familles pour acquises et les ignorer. Le fait d'ignorer vos enfants, ou d'ignorer vos parents, ou d'ignorer votre conjoint ou conjointe est la plus grande forme d'abus dans le monde d'aujourd'hui.

Il n'est pas nécessaire que vous soyez pédopsychiatre pour comprendre que plusieurs enfants se conduisent mal simplement pour que quelqu'un leur accorde de l'attention. Certains enfants négligés préfèrent recevoir une fessée pour punition plutôt que d'être ignorés. À leurs yeux, attirer l'attention d'une manière négative est préférable à ne pas obtenir d'attention du tout! Cela est vraiment triste, n'est-ce pas?

Ironiquement, nous voyons de plus en plus chaque jour un tel comportement désespéré chez plusieurs enfants. Il nous faut réveiller les gens avant qu'il ne soit trop tard! Les gens doivent prêter attention à leurs familles ou notre société ne retrouvera jamais son équilibre!

Ma famille et Fidel Castro

Je pense que la raison pourquoi la famille est si importante pour moi... et pourquoi je ne tiens jamais ma famille pour acquise... provient de l'injustice qu'on subit ma mère et mon père aux mains du tyran communiste, Fidel Castro.

Voyez-vous, à une certaine époque, mon père était l'un des hommes les plus riches à Cuba, valant plus de 20 millions de dollars. Il s'est réveillé un matin de 1959 et il a découvert que Fidel Castro s'était emparé de toutes ses propriétés et de toutes ses entreprises.

Le fait de grandir avec des parents qui avaient perdu une immense fortune m'a non seulement enseigné l'importance de l'argent... mais aussi que LA FAMILLE REPRÉSENTE TOUT! À l'époque, mes parents avaient plusieurs domestiques... des propriétés sur la plage... des limousines avec chauffeurs à leur disposition jour et nuit. Après avoir été dépossédés, mon père et ma mère ont survécu à leur chute, de l'appartement luxueux sur toit-terrasse à un appartement de sous-sol, car ils avaient leur famille pour les aider à amortir le choc.

Ne tenez pas votre famille pour acquise

Manifestement, l'importance de la famille est un sujet qui me passionne énormément. Voyez-vous, mon père est décédé alors que je n'avais que 13 ans. Laissez-moi vous dire que rien ne me ferait plus plaisir que de pouvoir m'asseoir avec lui près de la piscine et engager une longue et agréable conversation. J'éprouverais tellement de joie à pouvoir lui téléphoner rien que pour avoir son opinion à propos d'un investissement dans une entreprise... ou qu'il puisse entendre les premiers mots prononcés par sa petite-fille.

Mais cela n'arrivera pas. C'est impossible. Alors quand j'entends dire que des enfants ne *prennent pas le temps* de parler à leurs parents chaque fois qu'ils le peuvent, je me sens triste pour eux. Les gens doivent apprendre à apprécier ce qu'ils ont!

Si vous n'avez pas parlé à vos parents cette semaine, prenez le temps de leur téléphoner. Il n'est pas nécessaire que ce soit une occasion spéciale. Téléphonez-leur simplement et dites-leur que vous les aimez et les appréciez. Si vous n'avez pas emmené votre fille ou votre petit-fils au parc cette semaine, faites-le! Si vous êtes en froid avec un frère ou une sœur, téléphonez-lui et arrangez les choses ensemble. Le présent est le meilleur moment pour commencer à équilibrer de nouveau votre vie familiale... avant qu'il ne soit trop tard!

La forme physique

Parlons maintenant du troisième rayon de votre roue de l'équilibre – la forme physique. Quand je parle de forme physique, je ne dis pas qu'il faille nécessairement ressembler à Arnold Schwarzenegger, si vous êtes un homme... ou à une meneuse de claques des *Lakers* de Los Angeles si vous êtes une femme. Quand je parle de forme physique, je veux dire de prendre soin de votre corps au lieu d'en abuser.

Vous rappelez-vous de l'annonce télévisée de *Geritol* dans laquelle l'acteur regarde la caméra, d'un air très sombre, à la fin de la publicité en disant: «*Quand vous avez la santé, il ne vous manque presque rien.*»

Eh bien, n'est-ce pas l'absolue vérité? «*Quand vous avez la santé, il ne vous manque presque rien.*» Chaque fois que nous attrapons la grippe ou un mauvais rhume, cela sert à nous rappeler à quel point il est important d'avoir une bonne santé. Il est étonnant de constater que bon nombre de Nord-Américains *choisissent* consciemment de mettre en péril leur santé!

Vous pouvez choisir une bonne santé

C'est une chose que de tomber malade sans que ce ne soit aucunement votre faute, comme lorsque vous attrapez la varicelle ou que vous vous faites enlever les amygdales quand vous êtes enfant.

Mais c'en est une autre que de contracter l'emphysème parce que vous fumez des cigarettes. Les fumeurs avaient de bons poumons quand ils ont commencé à fumer. Ils ont fait des choix OCCASIONNANT le mauvais fonctionnement de leurs poumons.

Les gens qui abusent de leur corps n'ajoutent pas d'équilibre à leurs vies. Ils envoient des invitations personnelles menant à la maladie et à une mauvaise santé. Ils mettent en déséquilibre volontairement et de propos délibéré leur santé et leur existence. Et franchement, il n'y a pas d'excuse à cela!

U.S.A. Today a publié il y a quelque temps un graphique bouleversant. Ce graphique est la preuve que la plupart des Nord-Américains choisissent de se rendre malades plutôt que de rechercher la santé et la bonne forme physique. Le graphique comparait les causes principales de décès des Nord-Américains en 1900... à celles de 1996. Voici ce que ce graphique montrait:

En 1900, la cause principale de décès était la tuberculose, suivie par la dysenterie... la grippe... la varicelle... et la pneumonie. En 1996, la cause principale de décès était les maladies du cœur...

suivies par l'accident vasculaire cérébral... le cancer... le diabète... et l'emphysème.

Je veux que vous lisiez de nouveau la liste de 1900 pour que vous la compreniez vraiment :

Tuberculose ;
Dysenterie ;
Grippe ;
Varicelle ;
Pneumonie.

Combien de Nord-Américains croyez-vous meurent de ces maladies de nos jours ? Si vous faites abstraction de la pneumonie, *la réponse est d'environ une centaine de personnes à travers tout le pays !*

Décès reliés à des choix de modes de vie

Maintenant, vérifiez de nouveau la liste de 1996 :

Maladies du cœur ;
Accident vasculaire cérébral ;
Cancer ;
Diabète ;
Emphysème.

Voyez-vous une tendance ici ? Chacune des causes principales de décès en Amérique du Nord, aujourd'hui, pourrait être grandement réduite en changeant nos habitudes.

Saviez-vous qu'un Nord-Américain sur trois fume des cigarettes ? Saviez-vous qu'un Nord-Américain sur trois pourrait être considéré comme étant obèse sur le plan clinique ? Croyez-vous que l'Amérique du Nord, globalement, deviendrait plus saine et plus en forme si toutes les personnes obèses perdaient quelques kilos et si tous les fumeurs de cigarettes cessaient de fumer ? Absolument !

Voici où je veux en venir. Les progrès en médecine ont permis à la vaste majorité des Nord-Américains d'avoir *l'opportunité* de vivre des existences longues, avec peu de douleur et de demeurer en bonne santé. Pourtant, des millions de Nord-Américains abusent de cette bénédiction en mangeant régulièrement des aliments vides et en s'affalant sur le fauteuil pour regarder la «boîte à images» au lieu de faire de l'exercice. Ce sont ces mêmes gens qui s'attendent à ce que le régime d'assurance maladie paie pour les pilules qui font abaisser leur tension artérielle... et à ce que ce régime couvre également les frais de leur chirurgie à cœur ouvert.

Oh bien sûr, la vie peut s'avérer cruelle, et parfois des gens tombent malades sans que ce ne soit leur faute. Et nous compatissons tous avec ces gens. Mais quand des personnes font des choix de modes de vie qui les plongent à corps perdu dans la maladie, ils mettent alors intentionnellement leurs existences en déséquilibre. Si vous ne pouvez pas cesser de fumer pour vous-même... si vous ne pouvez pas perdre du poids pour vous-même... *faites-le pour votre famille! Faites-le pour vos amis!* Ils ne veulent pas vous voir souffrir d'une maladie ou mourir avant votre temps!

C'est pourquoi je redis souvent aux gens: «*Quand vous avez la santé, il ne vous manque presque rien.* » Choisissez la bonne santé. Choisissez la longévité. Mais surtout, choisissez l'équilibre.

Les fréquentations, les amis

Très bien, nous avons parlé des trois premiers F, lesquels sont la *foi*... la *famille* et la *forme physique*. À présent il est temps de passer au quatrième F – les *fréquentations*, les amis.

Le grand homme d'État américain, William Penn, a dit un jour que: «*L'amitié est l'union de deux esprits.* » Et je dois convenir que cette phrase qui parle de l'union de deux esprits est une description très fidèle de ce qui se passe quand deux personnes ont des relations tellement spéciales et magiques qu'elles deviennent des amies.

Je ne m'inquiète pas tellement de savoir si vous comprenez ce *qu'est l'amitié.* Je me préoccupe davantage que vous compreniez *toute l'importance de l'amitié* dans l'équilibre de VOTRE VIE – et *à quel point l'amitié est importante* pour aider vos amis à équilibrer LEURS VIES, eux aussi.

Les fréquentations, les amis sont comme du lest

Si nous utilisons l'analogie d'un navire en mer, vos amis sont le lest qui maintient votre navire sur un cap régulier. Au cas où vous ne le sauriez pas, le lest est ce qu'on appelle les grosses pierres ou les briques que l'on embarque sur les navires de charge pour s'assurer que le navire est stable et que son tirant d'eau est adéquat.

Quand vous dites à vos amis: *«Parlez-moi franchement»*, vous leur demandez d'être sincères... vous leur demandez de vous dire carrément ce qu'ils pensent. En effet, vous leur demandez d'agir comme le lest afin que vous puissiez vous tenir droit dans l'eau, au lieu de pencher d'un côté ou de l'autre.

Contrairement à vos parents, vous choisissez vos amis, n'est-ce pas? Alors l'amitié est une forme de relation très spéciale car *elle est absolument volontaire. C'est une question de choix, non pas une question de chance.* Vu que les amis ont une influence si importante dans nos vies, nous avons la responsabilité personnelle de les choisir avec BEAUCOUP de soin. Très soigneusement, à coup sûr.

Choisissez vos amis avec soin

J'ai mentionné précédemment dans ce livre que l'un des adages préférés de ma mère était le suivant: *«Dis-moi qui tu fréquentes et je te dirai qui tu es.»* J'aime cet adage car il est rempli de bon sens et de sagesse.

Si vous fréquentez des gens d'affaires qui ont réussi, il y a de fortes chances que ce soit parce que vous réussissez en affaires – ou que ce sera bientôt votre cas. Si vous fréquentez des voleurs de banques, il est fort possible que vous ayez déjà volé ou que vous volerez bientôt une banque. Si vous vous tenez avec des gens qui ont une manière de penser extraordinaire, il y a de fortes chances que vous ayez vous-même une façon extraordinaire de voir les choses.

C'est pourquoi la première étape pour traiter une personne dépendante de l'alcool ou de drogues est de lui conseiller de cesser de fréquenter de soi-disant amis qui au départ l'ont encouragée à se créer cette dépendance. *«Dis-moi qui tu fréquentes et je te dirai qui tu es»*, n'est-ce pas? Avant qu'un intoxiqué puisse vous dire qu'il n'est

PAS *vraiment* un intoxiqué, il doit cesser de fréquenter des êtres intoxiqués. C'est le simple bon sens!

> *«Je ne veux pas être un millionnaire. Je veux seulement vivre comme l'un d'eux.»*
>
> **– Toots Shore**

L'essentiel se résume ainsi: L'amitié est un rayon crucial dans notre roue de l'équilibre. *Et c'est le seul sur lequel nous avons complètement le contrôle!* Nous ne pouvons pas choisir nos parents... nous ne pouvons pas toujours choisir l'état de notre santé... et nous ne pouvons pas toujours choisir la situation de nos finances.

Mais nous pouvons sans aucune réserve choisir nos amis! Nous avons le contrôle total sur nos fréquentations... Nous avons totalement le contrôle de choisir la personne qui va nous conseiller... Nous avons absolument le contrôle de choisir la personne avec laquelle nous allons fêter quand la fortune nous sourit... Et nous avons un contrôle absolu sur le choix de la personne avec laquelle nous pleurerons dans nos moments de désespoir.

Le fin mot de l'affaire est que vous êtes le capitaine de votre propre navire. Vous décidez quels seront les gens qui serviront de lest pour vous maintenir sans différence de tirant d'eau, en pleine stabilité.

Si le lest devient trop lourd d'un côté, il se peut que vous deviez en jeter par-dessus bord pour sauver le bateau. Ou vous devrez peut-être ajouter de nouveau du lest, de temps à autre, afin de maintenir votre cap. Mais une chose est certaine: Il faudrait qu'un capitaine ait assurément perdu la tête pour choisir de couler avec son navire qui sombre plutôt que de faire certains ajustements au niveau du lest!

Les finances

Jetons maintenant un coup d'œil au dernier F des cinq F – les *finances*. Laissez-moi commencer en disant que le dernier F d'une vie équilibrée aurait pu tout aussi bien signifier le mot «liberté» plutôt que le mot «finances». Je dis cela parce que dans mon esprit ils sont un seul et même mot.

Chacun sait que l'argent en lui-même n'est pas ce qui représente de la valeur à nos yeux. C'est ce que l'argent peut ACHETER qui a de la valeur pour nous. Et comme le légendaire Toots Shore avait l'habitude de dire : *« Je ne veux pas être un millionnaire. Je veux seulement vivre comme l'un d'eux. »*

Eh bien, comment donc vivent les millionnaires ? Voyons voir. Ils vont et viennent selon leur bon vouloir.

Ils vivent à peu près n'importe où selon leur bon plaisir.

Ils embauchent des gens pour accomplir les tâches qui prennent beaucoup de temps et qu'ils ne veulent pas faire, comme de nettoyer, cuisiner et tondre le gazon.

Ce qui permet aux millionnaires de faire ce qu'ils veulent, quand ils le veulent... comme de jouer au golf... partir en vacances... créer une nouvelle entreprise... donner de l'expansion à une entreprise déjà existante... faire un don à des œuvres charitables... lire... ou voyager en jet à New York pour assister à une pièce sur Broadway.

L'argent c'est la liberté

> *« Ne laissez pas ce que vous ne pouvez pas faire entraver ce que vous pouvez faire. »*
> **– John Wooden**

Commencez-vous à saisir l'enjeu ? L'argent c'est la liberté. La liberté face à la faim... la liberté face aux emplois sans avenir... la liberté face à des tâches pénibles... la liberté qui vous permet de ne pas envoyer vos enfants dans des écoles pitoyables... la liberté qui vous libère de l'anxiété que crée un paiement hypothécaire... la liberté de ne plus se sentir fatigué et épuisé d'être fatigué et épuisé. Par-dessus tout, l'argent est cette liberté de faire vos propres choix, au lieu que ce soit quelqu'un d'autre qui les fasse à votre place !

Voyez-vous, c'est vraiment très simple. Comment pouvez-vous mieux équilibrer votre vie si vous êtes occupé à travailler dans trois emplois sans avenir en même temps rien que pour joindre les deux bouts ? Comment pouvez-vous faire en sorte que votre vie soit mieux équilibrée si vous êtes forcé de vivre sur un maigre régime de retraite pendant des années ?

La réponse est la suivante: Vous ne pouvez pas atteindre l'équilibre si vos finances s'écroulent autour de vous! C'est comme le vieil adage: *«Si vos dépenses excèdent votre revenu, alors vos frais d'entretien seront votre ruine.»*

Le moment n'est pas opportun pour vous dire comment gagner de l'argent ou épargner en prévision de votre retraite. Mon objectif n'est pas de vous dire *comment* gagner de l'argent. Au lieu de cela, mon but est de vous rappeler le rôle important que l'argent joue pour amener de l'équilibre dans votre entreprise *VOUS INC.* – et pour vous rappeler finalement, de quelle manière une vie équilibrée peut accroître de façon spectaculaire votre juste valeur marchande!

Ce qu'il advient aux millionnaires qui manquent d'équilibre

Voilà, vous les avez, les cinq F pour équilibrer votre vie: la *foi...* la *famille...* la *forme physique...* les *fréquentations*, les amis... et les *finances.*

J'aimerais conclure ce chapitre par une brève histoire qui prouve sans l'ombre d'un doute à quel point l'équilibre est important dans nos vies.

En 1923, neuf des plus prospères financiers du monde entier se sont rencontrés dans un hôtel super chic de Chicago pour discuter d'économie. Ces neuf hommes étaient des riches d'entre les riches. Parmi ceux qui étaient présents à cette rencontre se trouvaient le président de la bourse de New York... le président de la plus importante entreprise sidérurgique au monde... le président de la plus grande compagnie d'électricité au monde... le président de la plus puissante société gazière du monde... et le P.-D.G. du plus puissant monopole du monde.

Allons tout de suite 25 ans plus tard en 1948. Que pensez-vous qu'il est advenu de ces 9 hommes qui possédaient un énorme pouvoir et tellement de richesses 25 ans auparavant... et qui manquaient d'équilibre dans leurs vies? Voici un bref résumé de leurs destinées:

Trois des neuf hommes se sont suicidés.

Trois des neuf hommes sont morts sans le sou.

Deux des neuf hommes ont fait de la prison.

Un des neuf hommes a été déclaré légalement aliéné.

L'équilibre est essentiel!

En somme, tous les neuf sont morts, soit malheureux... sans le sou... déshonorés... ou aliéné. Chacun de ces neuf hommes avait appris comment faire de l'argent. Mais aucun d'entre eux n'avait appris la *valeur de l'équilibre*. Cette histoire prouve que l'équilibre n'est pas seulement important pour votre bien-être.

L'équilibre, mon ami, est *essentiel!*

DIXIÈME PRINCIPE:

Changez... ou subissez le changement

> *« Il est difficile pour moi de m'habituer à cette période changeante. Je me souviens encore quand l'air était pur et que la sexualité était impure. »*
>
> – George Burns

J'aimerais commencer ce chapitre sur le changement par une histoire parue dans le *Wall Street Journal*. L'héroïne de cette histoire est Vickie Barsczak, une employée municipale qui gagnait environ 15 $ de l'heure pour prendre le relevé de compteurs électriques.

Vickie venait tout juste de perdre son emploi à la *Kansas City Power and Light Company* car l'entreprise avait fait installer des « lecteurs automatiques », nouvellement mis au point, sur les 420 000 compteurs électriques de la ville.

Voyez-vous, le lecteur automatique effectue les mêmes opérations que Vickie, mais à une fraction du coût. Et ses calculs sont plus précis... ce lecteur ne tombe jamais malade... il ne cherche pas à faire partie d'un syndicat... et il n'exige pas de régime de retraite. Il continue simplement de faire tic-tac et de signaler à un ordinateur la consommation d'électricité au siège social.

L'ordinateur traduit la consommation d'électricité en frais mensuels, et il imprime ensuite une facture pour chaque client.

Étant donné que la *Kansas City Power and Light Company* n'avait plus besoin des services de Vickie pour lire leurs compteurs, Vickie a perdu un emploi de 32 000 $ par année. Et ce n'est qu'une question de temps d'ici à ce que les autres 35 000 releveurs de compteurs, à travers le pays, soient remplacés par ce lecteur automatique.

Le marché de l'emploi en pleine mutation

Cet article particulier traitait des progrès techniques qui ont obligé Vickie, la releveuse de compteurs, à perdre son emploi. Mais cela aurait pu tout aussi bien être Vickie, la téléphoniste... ou Vickie, la caissière de banque... ou Vickie, une travailleuse sur une chaîne de montage... ou Vickie, la préposée aux billets... ou Vickie, quel que soit son travail et l'endroit où elle l'accomplit.

Voyez-vous, des milliers de travailleurs comme les Victor et les Vickie de ce monde ont des emplois menacés par le CHANGEMENT. Vous pouvez appeler cela la technologie ou l'automatisation... mais le résultat est toujours le même: LE CHANGEMENT! Rapide et frénétique... froid et calculateur... il est ici aujourd'hui, il repart demain, le CHANGEMENT.

Le changement n'est pas une option

Nous nous sentons désolés dans nos cœurs pour tous les Victor et les Vickie, pour tous les travailleurs laborieux dont les emplois ont été remplacés par la technologie et l'automatisation. Mais à dire vrai on ne peut pas arrêter le changement. Pour tout dire on ne peut même pas le ralentir.

Comme le disait Bill Gates: *«Le changement n'est pas quelque chose d'optionnel. Nous ne pouvons pas voter et dire que nous voulons le faire cesser. En fait, nous changeons plus rapidement que jamais auparavant. Mais une partie de la force des États-Unis réside dans le fait qu'ils ont adopté le changement.»*

En un mot, Bill Gates dit: *«Changez... ou subissez le changement.»* Vu que le changement n'est pas une option, nous ferions peut-être mieux de tirer parti du changement en l'adoptant au lieu d'attendre que le changement tire parti de nous!

Deux grenouilles dans une casserole d'eau chaude

C'est comme l'histoire de ces deux grenouilles qui ont été mises dans deux casseroles d'eau sur une cuisinière. La première grenouille a été déposée dans une casserole d'eau chaude, et elle a réagi immédiatement à la chaleur en sautant hors de la casserole.

La seconde grenouille a été placée dans une casserole d'eau froide. Le brûleur sous la casserole était à feu doux... la chaleur a augmenté donc graduellement et la température de l'eau s'est élevée d'un seul degré à la fois. Il y avait une variation de température et, étant donné qu'elle était graduelle, la grenouille ne s'en est pas rendu compte. Elle est demeurée dans la casserole jusqu'à ce que la température atteigne le point d'ébullition! Il va de soi que cette grenouille n'a pas survécu.

La morale de cette histoire est: Changez... ou subissez le changement. La première grenouille a *changé.* Elle a sauté hors de la casserole afin de sautiller et de coasser une journée de plus. Mais la seconde grenouille *a subi le changement!* Elle est demeurée dans l'eau en ignorant ou peut-être en niant le changement graduel dans la température de l'eau jusqu'à ce qu'elle se retrouve pour ainsi dire «dans l'eau bouillante»!

Les changements extérieurs par opposition aux changements intérieurs

Cette histoire illustre d'une manière vivante les deux catégories fondamentales de changements: La première catégorie de changements est celle sur laquelle nous avons peu ou pas de contrôle. J'appelle cette catégorie les *changements extérieurs*. En règle générale, les changements extérieurs sont ceux qui se produisent dans le monde autour de nous, comme dans les domaines de l'économie ou des progrès techniques.

Dans l'histoire des grenouilles, aucune d'elles n'avait le moindre contrôle sur la température de l'eau et aucune n'aurait même voulu se retrouver dans l'eau. Les deux grenouilles étaient à la merci de changements extérieurs.

Les changements intérieurs

La seconde catégorie de changements est celle sur laquelle nous AVONS le contrôle – c'est cette catégorie de changements qui nous permet de réagir aux changements extérieurs. Je les appelle les *changements intérieurs*. Les changements intérieurs incluent nos changements d'attitude... les changements dans notre alimentation et dans notre programme d'exercices... les changements dans notre éducation, et ainsi de suite.

Dans l'histoire des grenouilles, les deux grenouilles avaient le contrôle sur le fait de rester dans l'eau ou de sauter à l'extérieur de la casserole! La première grenouille a choisi de faire exactement cela. Elle a sauté hors de l'eau chaude et a ainsi sauvé sa vie. La seconde grenouille a choisi d'ignorer les signes avertisseurs et elle a payé de sa vie d'avoir fait un tel choix.

> **«Un homme devient vieux quand les regrets viennent prendre la place de ses rêves.»**
>
> **– John Barrymore**

Il y a une analogie évidente entre l'histoire des deux grenouilles et ce qui se produit dans le monde qui nous entoure – et ce que chacun de nous doit faire afin de survivre et de prospérer dans les décennies à venir.

Les changements se produisent plus rapidement que jamais

Pour la plus grande partie de l'histoire du monde, le changement est survenu très, très lentement. L'âge de la pierre a duré des dizaines de milliers d'années. Le moyen âge s'est prolongé pendant mille ans jusqu'au XVe siècle. Mais le changement a connu une accélération à l'orée du XXe siècle.

De 1850 aux années 1970, l'ère industrielle a amené d'immenses progrès et le changement a été rapide et frénétique, surtout en Amérique du Nord. Jetez seulement un coup d'œil, décennie par décennie, à une liste des percées technologiques qui ont rapidement évolué, d'innovations qu'elles étaient au départ, à des nécessités indispensables au cours du XXe siècle.

En 1910, des automobiles et des tracteurs ont commencé à sortir des chaînes de production.

Dans les années 20, les radios faisaient fureur.

Au cours des années 30, les ventes de téléphones ont connu une hausse phénoménale.

Dans les années 40, le transport aérien commercial est devenu abordable.

Au cours des années 50, les télévisions ont envahi nos salles de séjour.

Pendant les années 60, le premier robot industriel a été conçu.

Et au début des années 1970, l'ordinateur personnel a fait que les opérations par ordinateur sont devenues accessibles à tous au lieu de n'être cantonnées qu'au seul processeur central.

La demande pour ces innovations a fait en sorte que les industries de transformation en produits de base ont dû faire des heures supplémentaires, et l'ère industrielle semblait bien portante... florissante... et sage.

Ironiquement, ce sont ces mêmes innovations – l'automobile, la radio, le téléphone, le transport aérien commercial, la télévision, le robot industriel et l'ordinateur personnel – qui ont contribué à la fin de l'ère industrielle tout en entrant simultanément dans l'ère de l'information, un âge de changements sans précédent et de fréquentes percées technologiques.

Si vous pensez avoir connu beaucoup de changements pendant le XXᵉ siècle, tenez-vous bien car les changements dont nous serons les témoins au cours de l'ère de l'information vont éclipser les changements de toute l'ère industrielle comme une auto de course *Indy 500* dépasse aisément le modèle T d'Henry Ford!

> «*Le changement n'est pas quelque chose d'optionnel. Nous ne pouvons pas voter et dire que nous voulons le faire cesser. En fait, nous changeons plus rapidement que jamais auparavant. Mais une partie de la force des États-Unis réside dans le fait qu'ils ont adopté le changement.*»
>
> **– Bill Gates**

Les grandes tendances de changement

Pour mieux illustrer à quel point les choses changent rapidement à l'ère de l'information, j'aimerais dresser une liste de certaines grandes tendances qui vont confondre votre imagination. Vérifiez simplement quelques-unes des grandes tendances qui représentent de bonnes nouvelles pour les consommateurs :

Première grande tendance: L'information prend de l'expansion.

Aujourd'hui, il y a 3 700 revues de plus qu'il n'y en avait dans les années 50.

Deuxième grande tendance: Le monde du divertissement est en pleine effervescence.

Au cours des années 1970, il n'y avait que 3 réseaux de télévision. Dans un avenir rapproché, il y en aura 500 ou plus !

Troisième grande tendance: Les produits se développent.

En 1976, le supermarché typique avait 9 000 produits à offrir. Quinze ans plus tard seulement, le supermarché local nous offre 30 000 produits et articles !

Quatrième grande tendance: Les ordinateurs personnels sont moins chers et plus puissants que jamais auparavant.

Le premier ordinateur, nommé *ENIAC*, a été introduit en 1946. Il a coûté un demi-million de dollars, pesait 27 000 kilos et remplissait une pièce aussi grande qu'un garage pouvant contenir deux automobiles. Aujourd'hui, une puce électronique de la grosseur d'un 10 sous, coûtant environ 200 $, a la capacité de surclasser facilement *ENIAC* !

N'est-ce pas stupéfiant de constater le nombre de commodités et de choix qui nous sont accessibles à l'ère de l'information ? Cinq cents réseaux de télévision ! Trente mille produits et même davantage ! C'EST SENSATIONNEL !

Certaines tendances dérangeantes dans le domaine de l'emploi

Malheureusement, l'ère de l'information a son côté négatif, comme bien des travailleurs nord-américains le savent pertinemment. Il est déplorable de dire que la technologie ferme autant de portes qu'elle en ouvre. Voici quelques tendances dérangeantes dans le milieu de l'emploi qui prouvent ce que j'avance:

Première tendance dérangeante dans l'emploi: Les emplois dans l'industrie manufacturière sont à la baisse.

En 1950, presque les trois quarts des Nord-Américains travaillaient dans la production ou dans l'industrie manufacturière. Aujourd'hui, environ un Nord-Américain sur dix travaille dans une usine.

Deuxième tendance dérangeante dans l'emploi: Il est de mise de congédier, ça ne l'est pas d'embaucher.

Au cours des années 50, toutes les industries importantes engageaient des travailleurs. Dans les années 90, un tiers des ouvriers ont été renvoyés temporairement.

Troisième tendance dérangeante dans l'emploi: La sécurité d'emploi est une chose du passé.

Le travailleur nord-américain moyen occupera de 10 à 12 emplois différents dans 4 ou 5 carrières diverses au cours de sa vie.

Quatrième tendance dérangeante dans l'emploi: Les emplois permanents sont remplacés par des travailleurs à temps partiel.

En 1955, une agence de placement temporaire, en plein essor, du nom de *Manpower Services* a déclassé *General Motors* et est devenue le plus important employeur aux États-Unis.

Qu'est-ce que tout cela signifie pour vous et moi? Cela veut dire que nous entrons dans une ère de changements inimaginables dans notre monde tandis que nous faisons le passage de l'ancienne économie de l'ère industrielle à la nouvelle économie de l'ère de l'information.

Le changement: Ami ou ennemi?

Certains de ces changements vont profiter à des millions de Nord-Américains à long terme, comme les percées dans les domaines de la science et de la médecine. D'autres changements vont nuire à des millions de Nord-Américains travaillant dans l'industrie manufacturière traditionnelle, car la concurrence mondiale et l'automatisation réduiront le nombre d'emplois disponibles.

Warren Bennis, un éminent professeur en administration des affaires à *USC*, décrit ainsi comment l'automatisation et la technologie vont transformer le secteur industriel: *« L'usine de l'avenir n'aura que deux employés, un homme et un chien. L'homme sera là pour nourrir le chien. Le chien sera là pour empêcher l'homme de toucher au matériel. »*

L'usine de l'avenir de Warren Bennis est peut-être quelque peu exagérée, mais cela nous fait bien comprendre l'élément principal de ce programme, c'est-à-dire que les bons emplois seront rares... et que la vie sera difficile... pour les Nord-Américains qui ne peuvent ou ne veulent pas opérer cette mutation profonde dans leurs pensées qui les fera passer de simples employés à être les propriétaires de leur propre entreprise, *VOUS INC.*

Le bon côté de l'automatisation

Revenons de nouveau à l'histoire de Vickie, la releveuse de compteurs, au tout début de ce chapitre. À première vue, il peut nous sembler que Vickie est victime d'un coup dur – ce n'est qu'une autre histoire triste à propos d'un autre être humain perdant du terrain au profit d'une technologie de plus en plus omniprésente.

Mais si vous allez au-delà des apparences, vous verrez qu'il ne s'agit pas seulement de milliers de releveurs de compteurs qui perdent leurs emplois. Il s'agit aussi de milliers *d'opportunités* créées par l'installation du lecteur automatique.

Voici un bref scénario qui illustre le côté positif de changements qu'apporte la technologie. Si chaque ville en Amérique adoptait le lecteur automatique, pouvez-vous imaginer ce que cela entraînerait?

Des milliers de personnes seraient embauchées pour fabriquer les lecteurs automatiques. On aurait besoin de milliers d'autres travailleurs pour les installer. Chaque ville aurait besoin d'acheter et d'installer un logiciel pour convertir les lectures de relevés en rapports de facturation mensuels. Les fabricants du logiciel et du lecteur automatique auraient besoin d'engager des préposés à la commercialisation pour concevoir l'emballage du produit... des agents de publicité pour faire connaître le produit... des professionnels de la vente pour aller voir les clients... et ainsi de suite.

L'histoire de Vickie, la releveuse de compteurs, est un exemple classique de ce qui se produit quand le monde passe d'une ancienne économie basée sur le capital et le travail manuel... à une nouvelle économie basée sur la technologie et des solutions créatrices.

Il est désolant que Vickie, l'employée, ait perdu son emploi. Mais ne pensez-vous pas que ce sera formidable quand Victor, l'entrepreneur indépendant, sera embauché pour installer des lecteurs automatiques dans chaque maison et chaque entreprise de sa région?

> *« L'usine de l'avenir n'aura que deux employés, un homme et un chien. L'homme sera là pour nourrir le chien. Le chien sera là pour empêcher l'homme de toucher au matériel. »*
> — Warren Bennis

La perte de Vickie se fait au profit de Victor

À dire vrai, la perte de Vickie se fait au profit de Victor. Et c'est ainsi, mon ami, que la libre entreprise fonctionne, que cela vous plaise ou non. Et si vous me ressemblez le moindrement, vous aimerez qu'il en soit ainsi, car la solution de remplacement à la libre entreprise est ce qu'on appelle le communisme.

Personne n'a dit qu'une économie comme la nôtre répondant à la demande du marché était une utopie. Il ne fait aucun doute que plusieurs Nord-Américains éprouveront des pro-

> *« Ignorer les faits ne les rend pas moins vrais. »*
> — Aldous Huxley

blèmes à effectuer la transition de l'ère industrielle à l'ère informatique. Mais on ne peut pas revenir en arrière. Le fait de souhaiter que revienne le bon vieux temps, avec des horaires de travail de 9 à 5 et des augmentations de salaire annuelles garanties, ne ramènera pas cette époque. Pour la vaste majorité des travailleurs, cette période est révolue et ne reviendra plus jamais.

Deux exemples étonnants de changement

Pour illustrer à quel point le changement se répand partout dans nos sociétés de nos jours, jetez un coup d'œil à ces statistiques révélatrices: Saviez-vous qu'aujourd'hui il y a plus de Nord-Américains qui construisent des ordinateurs personnels que des automobiles? Si on considère que l'industrie de l'automobile avait 75 ans d'avance sur l'industrie de l'ordinateur personnel, ce sont là des statistiques qui en disent passablement long, n'êtes-vous pas d'accord?

Voici d'autres statistiques: Saviez-vous que le manuel d'instructions de *Microsoft Windows 95* a exigé la plus importante commande de papier de toute l'histoire du monde? Étonnamment, le programme *Windows* n'avait été sur le marché que depuis 5 ans à peine quand cette commande a été passée! Quand un produit récent et de haute technologie peut créer un marché aussi énorme en l'espace de quelques années, c'est la preuve indéniable que les choses changeront très rapidement au cours de l'ère de l'information.

Passer de l'ancienne à la nouvelle économie

Nuala Beck, auteure de *La Nouvelle Économie*, a ceci à dire à propos du passage de l'ancienne à la nouvelle économie:

« La nouvelle économie est devenue un facteur important en 1981. C'est à cette époque que, statistiquement parlant, nous avons vu les anciennes industries qui dominaient l'économie atteindre leur apogée, et les nouvelles industries se sont mises à croître encore davantage que les anciennes.

«En 1981, les ordinateurs personnels de *IBM* sont devenus des ordinateurs de bureau. Les télécopieurs sont apparus dans les bureaux. De 1981 à aujourd'hui, nous avons été impliqués dans un énorme changement de paradigme qui a eu des répercussions sur chaque compagnie, chaque industrie, chaque individu. Bien des gens, incluant des experts, attendent encore qu'émerge la nouvelle économie à base de technologie. Mais elle est déjà parmi nous et elle y est depuis au moins une décennie.»

Nous ne pouvons pas ignorer les faits

Je l'ai dit déjà auparavant et je le redis encore: *«Ignorer les faits ne les rend pas moins vrais.»* Et le fait est que nous vivons dans un monde qui change rapidement. Que cela nous plaise ou non, nous ressemblons aux deux grenouilles dans la casserole d'eau. Nous n'avons PAS beaucoup de contrôle sur les changements extérieurs dans notre monde, comme le passage de l'ancienne économie à la nouvelle.

Cependant, nous avons le contrôle sur notre façon de RÉAGIR à ces changements extérieurs. À mes yeux, la clé consiste à améliorer de façon spectaculaire la juste valeur marchande de *VOUS INC.* afin que vous puissiez tirer parti du changement, au lieu que le changement se fasse à votre détriment!

Le grand romancier tchèque, Frank Kafka, a dit un jour: *«Dans un combat entre vous et le monde entier, pariez sur le monde.»* Eh bien, le monde change. Les anciens emplois des industries traditionnelles font figure de dinosaures, tandis que de nouveaux emplois orientés vers l'information apparaissent dans toutes les sphères de la société. Il nous faut maintenant «parier sur le monde» en nous changeant nous-mêmes... au lieu d'essayer de changer le monde en le combattant.

Pour que les choses s'améliorent, il faut que vous vous amélioriez!

Jusqu'à la fin de ce chapitre, nous allons parler de vous changer vous-même. Si vous êtes sérieux dans votre volonté de réussir dans les années à venir, vous devrez effectuer certains changements dans votre entreprise *VOUS INC.*, cela est indéniable.

Comme le dit le gourou de la gestion, Tom Peters, et je le cite: *«Le changement est perturbateur... Mais cela importe peu. De toute façon, il faut changer. Nous sommes dans une ère où, littéralement, le fait d'apprendre à aimer le changement est la seule option de survie.»*

Si vous êtes sincère dans votre volonté d'améliorer de façon spectaculaire votre juste valeur marchande, il vous faut vous améliorer! Et il va de soi que dans le but de vous améliorer, vous devez procéder à certains changements dans votre vie.

C'est pourquoi je dis toujours: *«Pour que les choses s'améliorent, il faut que vous vous amélioriez! Pour que les choses changent, vous devez changer.»*

Voyez-vous, au bout du compte, seriez-vous d'accord pour dire que la plupart d'entre nous recherchent la même chose? Seriez-vous d'accord pour dire que nous voulons tous posséder notre propre maison et conduire une belle auto? Nous voulons tous être libres d'aller et venir comme bon nous semble. Nous cherchons tous la sécurité financière. Nous recherchons tous la santé pour nos familles et pour nous-mêmes... et nous voulons tous que nos enfants aient une bonne éducation pour qu'en grandissant ils aient leur juste part du rêve nord-américain.

Si ce sont là certaines des choses que vous voulez de la vie, mais que vous avez emprunté une route qui ne vous y mène pas, il vous faut changer de direction ou modifier votre approche, n'est-ce pas? Dans les mots du célèbre conférencier de motivation, Jim Rohn: *«Si vous voulez que les cinq prochaines années de votre vie soient bien meilleures que les cinq dernières, vous allez devoir effectuer certains changements dans votre existence.»*

> **«Dans un combat entre vous et le monde entier, pariez sur le monde.»**
> **– Frank Kafka**

Une histoire de tragédie et de réussite

Je vais conclure ce chapitre par une histoire qui illustre à la perfection ce qui peut arriver à des gens disposés à effectuer des changements positifs dans leurs vies – et ce qui peut arriver à des gens qui refusent de changer.

L'histoire est celle de deux frères prénommés Michael et Chris. Tous deux sont nés au début des années 60 et ont grandi dans un quartier, composé en majorité de Noirs, à Richmond, en Californie, en banlieue de San Francisco.

Les deux garçons avaient un bon comportement à l'école et obtenaient la plupart du temps des A dans leurs bulletins scolaires à l'école primaire.

Mais comme ils étaient originaires d'une famille ouvrière de 8 enfants, l'argent était toujours rare, et c'est pourquoi les gars devaient souvent s'en passer. À vrai dire, la famille était tellement à court d'argent que les deux garçons étaient souvent affamés.

Frères dans le crime

Ils ont donc fait ce que plusieurs garçons font quand ils ont faim et qu'ils n'ont pas de nourriture: Ils ont volé. À partir du moment où ils ont eu 5 ans jusqu'à ce qu'ils terminent leur secondaire, ces gars ont commis des vols. Ils ont dérobé des biscuits secs dans l'armoire au milieu de la nuit... ils ont volé des biscuits à l'épicerie et des sandwiches à la sandwicherie. Si l'objet de leur convoitise était accessible et avait quelque valeur, Michael et Chris trouvaient le moyen de le voler. Ils ont même volé de l'argent à leurs parents de temps à autre. Mais plus souvent qu'autrement, ils volaient pour apaiser leur faim.

Quand ce fut le temps pour Michael et Chris de fréquenter l'école secondaire, ils étaient emmenés par autobus à l'école secondaire *Kennedy*. C'est pendant leur secondaire qu'il s'est produit quelque chose qui a incité Chris à décider de changer son comportement. À la fin de sa première année au secondaire, Chris avait obtenu 3 A et 3 F sur son bulletin scolaire. C'était la première fois qu'il échouait quelque chose à l'école.

Choisir de réussir plutôt que d'échouer

Étant donné que l'école secondaire *Kennedy* ne permettait que trois échecs sur une période de quatre ans, un autre F et Chris serait alors renvoyé de l'école. C'est à ce moment-là qu'il a pris la décision de changer. Plusieurs années plus tard, Chris se rappelait cet instant décisif de sa vie à travers les mots qui suivent:

«Je me suis assis à l'extérieur de chez moi au début de cet été-là en sachant que j'étais en train de laisser échapper ma chance. Un F de plus et j'allais devenir un autre décrocheur du secondaire, traînant ici et là dans le quartier, espérant me trouver du travail dans le comté ou entrer dans l'armée.

« À l'époque, je ne savais pas que mon frère Rusty se retrouverait en prison... ou que mon frère Harold mourrait sans avoir vu grand-chose ici-bas. Je ne sais certainement pas ce qui arriverait à Michael. Je savais seulement qu'il me fallait m'en aller. Je voulais voir San Francisco tous les jours, choisir mes propres vêtements, conduire ma propre auto, et être tout ce qu'un homme peut espérer être, et non pas seulement un homme de couleur ou un homme originaire des quartiers pauvres de Richmond. Je ne voulais aucune restriction, je voulais être tout ce qu'un homme pouvait espérer être. »

La décision de Chris de changer son comportement n'a pas été une décision facile. Il s'est vu accablé et ridiculisé par plusieurs de ses amis quand il a choisi d'exceller à l'école au lieu de se contenter de C et de D. Mais sa décision de changer l'a entraîné dans une tout autre direction que celle qu'a empruntée son frère Michael, qui n'a pas voulu modifier son comportement improductif.

Chris a obtenu son diplôme de l'école secondaire, son diplôme collégial et son diplôme de la faculté de droit. Pendant 15 ans, il a travaillé à titre de procureur local adjoint à Los Angeles, en Californie, et il a poursuivi en justice des meurtriers, des vendeurs de drogues, des membres de bandes criminelles et des policiers malhonnêtes. Aujourd'hui, Chris est mieux connu sous le prénom de Christopher. Vous le reconnaîtrez probablement par l'énoncé de son nom au complet, Christopher Darden, l'un des procureurs de la poursuite dans le procès du siècle, le procès de O. J. Simpson!

Le destin du frère aîné

Qu'est-il advenu du frère de Christopher, Michael? Après l'école secondaire, Michael est entré dans l'armée et est revenu dans sa ville natale peu de temps après avoir complété son service militaire. De retour à Richmond, Michael a continué d'adopter son comportement antisocial, arnaquant les gens dans les rues et volant pour subvenir à ses besoins et pour alimenter une dépendance de plus en plus grande face à la drogue. Le 29 novembre 1995, Michael Darden est mort à l'âge de 42 ans... du sida.

C'est à vous et à vous seul de choisir

Cette histoire de réussite et de tragédie sert à nous rappeler qu'au bout du compte ce que nous sommes et ce que nous devenons est déterminé par les choix que nous faisons.

Nous pouvons choisir de nous améliorer... ou nous pouvons choisir de devenir impitoyables. Que nous faisions ces choix qui nous permettent de nous améliorer à l'âge de 14 ans, comme Christopher Darden... ou à l'âge de 64 ans, comme le colonel Sanders, ces choix ont le pouvoir d'accroître notre valeur de façon spectaculaire dans presque tout ce que nous faisons.

Voilà de quoi il est question dans l'expression «changez... ou subissez le changement». Christopher Darden a changé. De criminel qu'il était, il en est venu à poursuivre en justice des criminels.

Il a changé son attitude: d'obstiné et colérique qu'il était, il est devenu ouvert et plus tolérant.

Étant auparavant un étudiant qui n'obtenait pas de résultats conformes à ses possibilités... il est devenu un étudiant qui s'en est tiré avec honneur en assumant la responsabilité de ses bonnes notes et de son éducation.

L'adolescent désillusionné qu'il était, ayant une faible estime de lui-même, s'est transformé en un jeune homme optimiste, déterminé à réaliser ses rêves.

D'autre part, son frère Michael a subi le changement. La misère écrasante l'a changé... le code de la rue l'a changé... les drogues illégales l'ont changé... et finalement, c'est une maladie insidieuse qui l'a également changé.

Effectuer des choix difficiles

Christopher Darden a effectué des choix difficiles... il a fait dans sa vie les changements qui l'ont aidé à accomplir ses rêves.

D'un autre côté, son frère Michael, a choisi la solution de facilité ou du moins ce qu'il croyait être la solution la plus facile. Il a continué de fréquenter le même groupe de mauvais compagnons... Il a continué de mettre en pratique les mêmes habitudes autodestructrices. Par suite des changements qu'ils ont ou n'ont pas fait, les deux hommes ont choisi leurs destins: Christopher a choisi de devenir un procureur de la poursuite couronné de succès. Et Michael a choisi de devenir une autre triste histoire de la rue.

D'une façon ou d'une autre, vous devez payer

La simple vérité est que: «*D'une façon ou d'une autre, vous devez payer!*» La vérité est que le prix que Michael a payé pour avoir refusé de changer est beaucoup plus élevé que celui que Christopher a payé pour chercher à changer.

J'aimerais croire que Michael n'est pas mort en vain. J'ose penser qu'en entendant cette histoire, certaines personnes vont finalement comprendre à quel point il est important d'effectuer des changements positifs et productifs dans leurs existences.

Au bout du compte, vous avez le choix.

Vous pouvez choisir de devenir Michael.

Ou vous pouvez choisir de devenir Christopher.

Vous pouvez continuer d'accomplir ces choses qui vous mèneront à la frustration et au chagrin.

Ou vous pouvez effectuer les changements qui vous aideront à obtenir ce que vous souhaitez le plus vivement dans la vie.

Ne choisissez pas de devenir comme tant de gens qui AURAIENT PU *devenir millionnaires...* ou qui AURAIENT PU *devenir plus heureux...* ou qui AURAIENT PU *devenir plus sains...* ou qui AURAIENT PU *apporter une contribution*, mais ne l'ont pas fait.

Commencez AUJOURD'HUI à effectuer les changements que vous devez faire... pour que vous puissiez devenir cette personne que vous voulez être DEMAIN!

TROISIÈME SECTION :

Conclusion

«Toutes les erreurs que j'ai commises dans ma vie se sont produites quand, à certaines occasions, j'ai dit "oui" alors que j'aurais dû dire "non".»

– Moss Hart
Dramaturge et humoriste

CONCLUSION

Votre destinée est déterminée non pas par la chance mais par les choix que vous faites

> « *Notre passé et notre avenir sont bien peu de choses en comparaison de ce qu'il y a à l'intérieur de nous.* »
>
> – Ralph Waldo Emerson

R. J. Wrigley, le président-fondateur de *Wrigley Chewing Gum*, a été l'un des premiers hommes d'affaires à tirer pleinement parti de la publicité.

Tandis que ses concurrents dépensaient des milliers de dollars en publicité, R. J. Wrigley en dépensait des millions. Au cours des années 40, il était difficile, voire impossible, d'ouvrir un journal ou de croiser un panneau d'affichage sans y voir une promotion pour *Wrigley Chewing Gum*.

Pendant un vol commercial qui le menait à une importante réunion de son conseil d'administration, un passager a interrompu monsieur Wrigley au moment où il se préparait pour cette réunion: «*Monsieur Wrigley, vous pouvez peut-être répondre à une question qui me préoccupe depuis longtemps: "Pourquoi continuez-vous d'annoncer autant votre gomme à mâcher alors que votre entreprise vend déjà plus de chewing-gums que tous vos concurrents réunis?"*»

R. J. Wrigley a quitté des yeux ses dossiers, a regardé l'homme en fronçant les sourcils et a répliqué: «*Je continue d'annoncer pour la même raison que le pilote de cet avion continue de faire fonctionner les moteurs même quand nous sommes déjà en plein vol.*»

Êtes-vous le pilote de votre propre destinée?

Réfléchissez pendant un instant à votre réponse car le principe est le même, que l'on parle de publicité... de piloter un avion... ou de croître en tant que personne.

Si vous voulez parvenir à votre destination, il faut que vous continuiez de faire fonctionner les moteurs.

Mon objectif, pendant cette période que nous passons ensemble, est de vous fournir tout le carburant qui vous aidera à faire fonctionner les moteurs de votre entreprise *VOUS INC.* en douceur et efficacement.

Il vous faudra refaire le plein entre les vols... vous devrez faire effectuer un entretien régulier... et il se peut que vous ayez à passer par des réparations majeures de temps à autre. Mais n'oubliez jamais que vous êtes le pilote de votre propre destinée. Et la décision vous revient à vous, et à vous seul, de garder les moteurs en marche ou de rester en stationnement sur le terrain.

Pensez en termes de *VOUS INC.*

Nous avons couvert de nombreux domaines dans ce livre. Prenons donc tout de suite quelques instants pour revoir les thèmes centraux et les messages clés dont nous avons traité jusqu'ici.

D'abord et avant tout, laissez-moi vous rappeler que le thème principal derrière le programme de *VOUS INC.* est que vous *compreniez l'importance* de développer votre paradigme personnel afin que vous puissiez découvrir le P.-D. G. qui se trouve à l'intérieur de vous. En somme, vous devez vous souvenir que vous êtes le fondateur, le président et l'actionnaire à 100 % de VOUS-MÊME... donc il vous faut penser en termes de *VOUS INC.!*

La pierre angulaire de *VOUS INC.* est que les mêmes principes, qu'emploient les entreprises prospères pour accroître leur juste valeur marchande et générer ainsi des profits représentant des millions de dollars, peuvent être mis en pratique dans la vie d'une personne moyenne, semblable à vous et moi, pour accroître de façon spectaculaire *notre valeur.*

Au lieu de limiter notre potentiel en nous cantonnant nous-mêmes dans ces schèmes de pensées traditionnels, étroits et bien déterminés qu'on nous a enseignés – comme dans: «Je suis Emma, l'employée» ou bien: «Je suis Henri, mari et père». Nous DEVONS élargir les limites de notre pensée afin que nous puissions commencer à réfléchir et à agir comme une entreprise prospère. Je le répète, pensez en termes de *VOUS INC.!*

Investissez dans vos actifs cachés

Laissez-moi vous poser une question: Voudriez-vous investir dans une entreprise qui a des millions de dollars d'actifs inutilisés entreposés dans d'immenses chambres fortes? Bien sûr que non. Vous voudriez que cette entreprise se serve de ces actifs sous-utilisés pour gagner encore plus d'argent, n'est-ce pas? Si cet argent était recouvert de poussière et gisait dans un coin, il serait peut-être préférable qu'il n'existe pas car il ne serait utile à personne.

On peut dire la même chose de *VOUS INC.* Si vous avez des talents et des aptitudes dont vous ne vous servez pas, c'est comme si vous mettiez de l'argent dans un coffre, que vous fermiez la porte et que vous oubliiez ensuite où vous avez mis la clé.

À mon avis, la personne qui naît sans talent se trouve dans de meilleures conditions que celle qui les gaspille les siens car le gaspilleur fait un mauvais usage de ses dons!

Les talents et les aptitudes inutilisés ne peuvent pas vous aider à grandir.

Les talents et les aptitudes inutilisés ne peuvent pas faire accroître votre valeur.

Les talents et les aptitudes inutilisés ne peuvent faire autrement que de vous culpabiliser.

Les pensées et les actions autolimitatives sont deux des ennemies de notre potentiel. Comme le disait un jour un sage: «*Quand vous enfermez des gens à l'intérieur d'une clôture, vous en faites des moutons.* » Eh bien, la même chose arrive aux gens quand d'autres personnes les enferment à l'intérieur de clôtures – c'est ce qui se produit dans un système tel le communisme... ou quand des gens s'enferment eux-mêmes à l'intérieur de clôtures. D'une façon ou d'une autre, les êtres humains qui «s'autolimitent» deviennent des moutons dociles au lieu de ces gens prospères, heureux, et pleinement épanouis que Dieu a voulu que nous devenions.

Mon point de vue est le suivant: Si Dieu avait voulu que nous broutions l'herbe, Il nous aurait créés au départ sous la forme de moutons. Mais Dieu a engendré les êtres humains pour qu'ils se tiennent debout et qu'ils puissent ainsi contempler le ciel et admirer les étoiles! Vous pouvez franchir les clôtures autolimitatives en comprenant... en mettant en pratique... et en vivant les dix principes de *VOUS INC.*

Un retour sur l'intelligence émotive

Au début de l'introduction, nous avons parlé du concept de l'intelligence émotive – notre quotient émotif – par contraste à notre intelligence intellectuelle – mieux connue sous l'appellation de quotient intellectuel. Nous avons appris deux choses importantes concernant le quotient émotif qui valent la peine d'être répétées. La première est que jusqu'à 80 % de notre réussite dans la vie peut être attribuée à notre quotient émotif, et non pas à notre quotient intellectuel; la deuxième est que contrairement à notre quotient intellectuel, qui est déjà établi dès notre naissance, nous pouvons améliorer notre quotient émotif presque à n'importe quel moment de notre existence. Ce qui signifie que les gens moyens, comme vous et moi, peuvent mener des existences au-dessus de la moyenne si nous sommes disposés à assumer la responsabilité de notre croissance personnelle.

Augmentez votre juste valeur marchande

Nous avons aussi parlé du concept de la valeur et comment nous pouvons accroître de façon spectaculaire la valeur de notre entreprise *VOUS INC.* La juste valeur marchande pour les gens qui ont un minimum de compétences et un minimum d'expériences est – vous l'avez deviné – le salaire minimum. Pareillement, les gens qui commencent à travailler au salaire minimum peuvent augmenter de façon spectaculaire leur potentiel de profit à mesure qu'ils accroissent de façon spectaculaire leur valeur.

Une étude de cas de la valeur ajoutée

Une femme d'affaires prospère nommée Cheri Dohse a écrit un article en collaboration spéciale avec le *USA Today* qui illustre à la perfection le concept de la valeur ajoutée. Cheri Dohse était une mère célibataire qui gagnait 2,90 $/heure comme caissière à temps partiel quand elle a commencé à travailler pour *Cousins Submarine Shop* en 1981.

En l'espace de quelques mois, elle a reçu une augmentation de salaire. Au cours des 15 années qui ont suivi, elle a occupé presque tous les postes disponibles chez *Cousins*. Vu qu'elle travaillait dur, qu'elle avait une excellente attitude et qu'elle était disposée à apprendre, les dirigeants de *Cousins* ont encouragé madame Dohse à s'inscrire à leur programme de formation en gestion.

Elle s'est illustrée en peu de temps et est devenue la directrice de district de 8 magasins *Cousins* à Milwaukee, supervisant 300 employés. L'une de ses responsabilités aujourd'hui consiste à former de futurs directeurs chez *Cousins*, et de les aider à passer d'un emploi peu rémunéré à un cheminement de carrière lucratif, comme elle l'a fait elle-même à ses débuts. Son objectif est de posséder un jour sa propre franchise *Cousins*.

Des histoires comme celle-ci se déroulent des milliers et des milliers de fois chaque jour à travers ce grand pays qui est le nôtre. Il existe des tas de gens qui, de leur propre initiative, arrivent à comprendre, par leurs erreurs et leurs échecs, comment accroître de façon spectaculaire leur juste valeur marchande. Ce que j'ai essayé de faire avec le programme *VOUS INC.* c'est de donner aux gens un bon départ en les aidant à comprendre les principes que les Cheri Dohse de ce monde utilisent pour accroître leur valeur.

Passons en revue les 10 principes

Prenons quelques instants pour revoir brièvement les 10 principes:

Premier principe: *Acceptez la responsabilité* nous encourage à prendre le contrôle de nos vies en assumant la responsabilité de nos actions... de notre bonheur... de nos succès... de notre santé... et de nos finances.

> «*Quand vous enfermez des gens à l'intérieur d'une clôture, vous en faites des moutons.*»
> – **Anonyme**

Deuxième principe: *Osez rêver* nous rappelle que nos rêves sont le plan détaillé de nos succès futurs... et que les gens qui obtiennent les plus grands succès sont toujours les plus grands rêveurs.

Troisième principe: *Le pouvoir de croire* traite de l'importance de remplacer les réflexions ou les pensées relevant du JE NE PEUX PAS (je préfère les appeler des réflexions empoisonnées) par des pensées relevant du JE PEUX.

Quatrième principe: *Le courage d'agir* nous rappelle que de petites actions constantes et régulières peuvent rapporter d'énormes dividendes... et qu'il faut faire preuve d'un courage et d'une discipline quotidienne pour surmonter les deux plus grands ennemis de l'action: la procrastination et les prétextes.

Cinquième principe: *Tout est dans l'attitude* confirme la remarque suivante de W. Clement Stone: *« Il n'y a qu'une petite différence entre les gens mais cette dernière peut en faire une grande. La petite différence réside dans l'attitude. Il reste à savoir si cette attitude est positive ou négative, voilà la grande différence. »*

Sixième principe: *Développez des habitudes productives* traite de l'importance de choisir des habitudes productives qui nous rendront meilleurs au lieu de choisir des habitudes improductives qui nous mènent tout droit vers l'échec.

Septième principe: *Gérez vos émotions* met l'accent sur l'importance d'assumer ce que nous ressentons... et nous rappelle que quand il est question d'émotions, il faut les contrôler, c'est-à-dire les dominer, sinon ce sont vos émotions qui vous domineront et ruineront votre vie.

Huitième principe: *Préparez-vous au succès* met l'accent sur l'importance d'acquérir des connaissances utiles et de perfectionner certaines techniques en lisant des livres... en participant à des séminaires... en écoutant des cassettes... et en vous associant avec des gagnants positifs.

Neuvième principe: *Équilibrez votre vie* explique que pour devenir des êtres humains complets, il nous faut équilibrer les

«Cinq F» dans nos vies: la Foi, la Famille, les Fréquentations, la Forme physique et les Finances.

Dixième principe: *Changez ou subissez le changement...* explique que la clé du changement consiste à faire en sorte que le changement joue en notre faveur plutôt que contre nous... et que nous devons changer et grandir consciemment en tant qu'individu si nous voulons vraiment améliorer de façon spectaculaire notre juste valeur marchande.

Voilà donc les 10 principes simples qui servent à accroître de façon spectaculaire la juste valeur marchande de votre entreprise *VOUS INC.*

Voyez-vous, tout au long de ce livre, j'ai mis l'accent sur le pouvoir contenu dans chacun de ces 10 principes qui peuvent transformer pour le mieux et de façon spectaculaire l'existence des gens moyens! Et tout au long de ce livre nous avons utilisé des tas d'exemples de gens couronnés de succès qui ont transformé leurs vies comme par magie en mettant en pratique un ou plusieurs de ces 10 principes.

Une histoire triste mais vraie à propos d'une valeur sous-estimée

J'aimerais maintenant vous raconter une histoire d'un genre très différent... une histoire triste qui explique ce qui peut arriver quand des gens SOUS-ESTIMENT la juste valeur marchande de leurs talents... de leurs idées... et de leur créativité.

Cette histoire est celle de deux amis d'enfance de Cleveland, nommés Jerry Siegel et Joe Shuster.

Jerry était un étudiant maigre et maladroit à l'école secondaire et il passait la plus grande partie de son temps perdu dans ses rêveries. Comme la plupart des étudiants du secondaire, Jerry avait le béguin pour plusieurs jolies filles attrayantes. Malheureusement, ce n'était pas réciproque. À vrai dire, elles ne jetaient même pas un coup d'œil dans sa direction.

Dans les mots mêmes de Jerry: «*J'avais le béguin pour des filles qui ou bien ne savaient pas que j'existais...ou bien s'en fichaient royalement.*» Par suite de ce rejet, l'imagination de Jerry passa à la vitesse supérieure! Il s'est mis à imaginer ce que penseraient les plus jolies filles de l'école s'il possédait des dons spéciaux... comme une force surhumaine ou des pouvoirs particuliers qui lui permettraient de voler.

Jerry a alors confié ses rêveries à son meilleur ami, Joe Shuster, qui éprouvait le même genre de rejet dans sa propre vie. Joe n'avait pas le talent de Jerry pour raconter des histoires, mais c'était un artiste exceptionnel. Joe pouvait dessiner à peu près n'importe quoi et faire naître l'illusion que les personnages allaient sortir de la page.

Les deux amis ont passé des heures et des heures ensemble. Jerry imaginait des histoires fantastiques, puis Joe les illustrait de ses dessins éclatants.

Super héros devient un grand succès

Les deux amis sont demeurés en étroit contact après avoir reçu leur diplôme du secondaire. Jerry a continué d'écrire... Joe a continué de faire des illustrations... et un jour, un *alter ego* fictif des deux jeunes hommes s'est mis à émerger.

Le personnage possédait des pouvoirs surhumains. Jerry Siegel a imaginé que son personnage était né sur la planète Krypton, laquelle était vouée à la destruction... qu'il arrivait tout jeune enfant dans un vaisseau spatial sur la terre... et qu'il était découvert et élevé par un couple âgé, sans enfant, quelque part dans le grand Midwest américain. Une fois adulte, le personnage cache ses super pouvoirs aux yeux des autres en travaillant comme journaliste.

Joe Shuster illustrait et dessinait le personnage aussi rapidement que Jerry en écrivait les aventures. Joe l'a dessiné dans un costume très ajusté, d'un bleu éclatant avec une cape rouge brillante. Sur le devant du costume se trouvait un croissant sur lequel était peint un gros S rouge pour le nom du personnage – SUPERMAN.

Au sommet du monde

À chaque jour qui passait, Jerry et Joe devenaient de plus en plus excités par leur création. Alors que les deux amis étaient au début de la vingtaine, ils ont présenté leur histoire illustrée de Superman à des éditeurs. Ils n'ont reçu alors qu'une pile de lettres de refus.

Au mois de mars 1938, les histoires de Superman ont atterri sur le bureau de l'éditeur de *DC Comics*, qui a été tellement impressionné qu'il a acheté sur-le-champ les droits exclusifs du personnage de Superman, puis il a donné aux deux jeunes hommes du travail dans l'entreprise.

C'était le printemps de 1938, et Jerry et Joe se croyaient au sommet du monde! Ils étaient là, ces deux amis d'enfance, à peine âgés de 23 ans, travaillant à plein temps pour le principal éditeur de bandes dessinées. C'était un rêve devenu réalité!

Une super histoire avec une triste fin

Ne serait-ce pas formidable si cette histoire se terminait ainsi sur cette note joyeuse: deux jeunes hommes talentueux commencent une carrière lucrative et couronnée de succès en faisant ce qu'ils aiment?

Il est déplorable de constater que ce genre d'histoire arrive à des gens qui ne comprennent pas entièrement la signification de la valeur et comment l'accroître. C'est l'histoire de ce qui peut se produire quand des gens sous-estiment leur juste valeur marchande. Le reste de l'histoire est à fendre l'âme.

Comme nous le savons tous, le personnage de Superman est devenu un énorme succès auprès du public américain. Depuis ses débuts, Superman a généré d'immenses profits au niveau de la vente des bandes dessinées... des ententes de production sous licence... des séries d'émissions télévisées... des longs métrages... et ainsi de suite. Le premier film de Superman a rapporté à lui seul 100 millions de dollars. La valeur monétaire du personnage de Superman depuis sa création en 1938 doit se chiffrer facilement dans les milliards de dollars.

> *«La plus merveilleuse surprise dans la vie consiste à reconnaître soudainement votre propre valeur.»*
> – Maxwell Maltz

Alors, quel pourcentage de ces profits pensez-vous que Jerry et Joe ont reçu ? La réponse va vous renverser. Êtes-vous prêts ?

En tout et pour tout 130 $. *Cent trente dollars !*

Ils ont cédé leurs droits qui valaient des milliards en ce qui a trait au personnage de Superman, pour un misérable 130 $. Ce qui représente 65 $ pour chacun d'eux. Cela est pénible, n'est-ce pas ? Quel gaspillage !

De mal en pis

Et comme si ce n'était pas assez, quand le personnage a fait sensation, Jerry et Joe ont demandé à *DC Comics* une part des profits. Savez-vous ce que les deux amis ont obtenu comme réponse ? Ils ont été congédiés. Ils n'ont pas seulement perdu Superman, ils ont également perdu leurs emplois !

Après l'échec d'une série de procès pour récupérer leur propriété intellectuelle, les deux hommes ont vécu le reste de leurs vies près du seuil de la pauvreté. Jerry a travaillé comme dactylographe à Los Angeles. Joe a travaillé comme commissionnaire à Manhattan.

En 1978, après que le premier film de Superman est devenu un succès commercial, *DC Comics* se sont inclinés devant la pression du public et ont donné à chacun des deux hommes une rente annuelle de 20 000 $. Au cours des dernières années de leurs vies, les deux amis d'enfance ont vécu à quelques pâtés de maisons l'un de l'autre à Los Angeles. Joe est mort seul et sans le sou en 1992. Jerry est décédé presque sans le sou à peine 4 ans plus tard.

Pensez-vous que Jerry et Joe auraient vendu leurs droits relativement au personnage de Superman pour un pitoyable 130 $ s'ils avaient vraiment compris le concept de *VOUS INC.* ... s'ils avaient découvert «le P.-D.G. à l'intérieur d'eux-mêmes»... et s'ils avaient pleinement compris les 10 principes qui peuvent faire augmenter de façon spectaculaire leur juste valeur marchande ? Jamais de la vie !

Leur ignorance leur a coûté une fortune

Joe et Jerry ont été exploités par certains hommes d'affaires futés car ces amis de toute une vie ne savaient vraiment pas dans quoi ils s'embarquaient. Leur ignorance leur a coûté une fortune! Pensez-y un instant: s'ils avaient su ce que vous et moi savons, vous pouvez être sûrs que leurs existences auraient pris une direction bien différente.

L'histoire de Jerry et Joe me rend triste parce que deux jeunes hommes naïfs se sont fait escroquer parce qu'*ils n'ont PAS compris comment accroître de façon spectaculaire leur juste valeur marchande!*

Cela me rend également triste pour ces millions de Nord-Américains dont nous n'entendons jamais parler et qui sont exploités car, eux aussi, sous-utilisent leurs actifs... sous-estiment leur juste valeur marchande... et offrent leurs services à un prix trop bas.

Ne devenez pas d'autres Joe et Jerry

Maxwell Maltz, chirurgien renommé et auteur de livres à succès, a fait un jour la remarque suivante: «*La plus merveilleuse surprise dans la vie consiste à reconnaître soudainement votre propre valeur.*»

Mes amis, mon souhait le plus sincère est que les principes contenus dans ce livre vous apportent les connaissances... la sagesse... et la compréhension nécessaire pour *reconnaître votre propre valeur!* Parce que Joe et Jerry n'ont pas réussi à reconnaître leur propre valeur, ils ont passé presque 60 ans de leur existence à essayer de récupérer ce qui leur appartenait légitimement – SI SEULEMENT ILS AVAIENT RECONNU LEUR PROPRE VALEUR!

La vie est comparable à un vélo à dix vitesses

Un humoriste a dit un jour: «*La vie est comparable à un vélo à dix vitesses. La plupart d'entre nous n'utilisent jamais certaines de ces vitesses.*» Pour vérifier la véracité de cette déclaration, vous n'avez qu'à jeter un coup d'œil autour de vous.

Par exemple, nous connaissons tous des amis d'enfance qui possédaient de grands talents athlétiques... mais qui ont choisi une fois adultes de ne plus utiliser ces talents innés et de se transformer volontairement en téléspectateurs passifs et obèses.

Nous connaissons tous des amis d'enfance qui étaient débordants de passion et friands d'aventures au cours de leur jeunesse... mais qui ont choisi de devenir de plus en plus maussades et amers à l'âge adulte.

Nous avons tous connu de jeunes prodiges à l'école secondaire et au collégial qui organisaient des projets de classe et des collectes de fonds... mais qui une fois adultes ont troqué leur esprit d'entreprise pour un emploi «sûr» qu'ils détestent.

> *«La vie est comparable à un vélo à dix vitesses. La plupart d'entre nous n'utilisent jamais certaines de ces vitesses.»*
> **– Anonyme**

Pensez-vous que ces gens utilisent au maximum les dix vitesses? Ou croyez-vous qu'ils restent en première parce qu'il est alors plus facile de pédaler? Bien sûr, il est peut-être plus facile de pédaler en première, mais il est également plus facile de faire patiner vos roues et de rester pris dans une ornière quand vous êtes en première!

«Si je pouvais recommencer ma vie...»

Erma Bombeck, la célèbre humoriste et chroniqueuse, a écrit un jour un article très sérieux peu de temps avant qu'elle ne meure d'une rare maladie du rein. L'article parlait de ce qu'elle ferait différemment si elle pouvait recommencer sa vie. Elle a dressé une longue liste de petits actes quotidiens qu'elle ferait autrement. Elle a terminé son article en exprimant un sentiment puissant et sincère qui m'a ému jusqu'aux larmes. Voici ce qu'elle ferait différemment si elle avait la possibilité de recommencer sa vie:

«Il y aurait eu davantage de "je t'aime"... davantage de "je suis désolée"... plus de "je t'écoute". Mais surtout, si on me donnait la chance de recommencer ma vie, j'en saisirais chaque minute... je la regarderais et je la verrais réellement... je la goûterais... je la savourerais... je l'utiliserais en

entier... et je n'abandonnerais jamais cette minute tant et aussi longtemps qu'il en resterait des secondes à vivre. »

> **«Regarde en toi-même. Tu représentes bien plus que ce que tu es devenu.»**
>
> **– Extrait du *Roi Lion***

Malheureusement, Erma Bombeck ne pourra pas recommencer sa vie. Mais dans un sens très réel, Erma Bombeck donne à vous et moi l'occasion de «recommencer notre vie», en nous rappelant qu'on nous a donné la possibilité de choisir... et nous pouvons, à vrai dire, CHOISIR de vivre notre existence comme elle l'a décrite si éloquemment – *en commençant tout de suite!*

L'objectif de *VOUS INC.*

Au bout du compte, mon objectif dans le programme de *VOUS INC.* est de vous offrir les informations qui vous permettront d'avoir dans la vie toutes les choses que vous méritez. En comprenant les principes dont je vous ai parlé... et en les intégrant ensuite dans votre vie, je suis convaincu que vous améliorerez la qualité de votre existence au-delà de vos rêves les plus fous.

Regarde en toi-même

J'aimerais conclure ce livre en vous parlant d'un épisode du film préféré de ma famille: le film d'animation classique de Disney – *Le roi Lion.* La scène suivante illustre parfaitement non seulement ce que représente votre entreprise *VOUS INC.*, mais, ce qui est plus important encore, ce pourquoi vous devez PENSER – *VOUS INC.* – à partir de maintenant!

Vers la fin du film, le jeune roi Lion, Simba, vit en exil, essayant de son mieux d'éviter ses responsabilités en tant qu'adulte en s'évadant dans une vie oisive dénuée de sens.

Simba est finalement obligé de grandir et de faire face à la réalité quand il est confronté à une vision de son père décédé, le roi Mufasa. Dans la vision de Simba, le roi Mufasa met au défi son seul fils de reprendre sa place légitime à titre de roi de Pridelands par ces mots:

«Simba, tu as oublié qui tu es. Regarde en toi-même. Tu représentes bien plus que ce que tu es devenu.»

TU REPRÉSENTES BIEN PLUS QUE CE QUE TU ES DEVENU!

Quelle puissante affirmation! À mon avis, je pense que ce message s'adresse encore plus aux adultes dans l'auditoire qu'aux enfants. Quand je regarde autour de moi et que je vois cet immense talent humain qui a été sous-utilisé et inexploité, cela me brise le cœur!

Je ne sais pas ce que vous en pensez, mais personnellement je ne peux pas imaginer une pire destinée que celle de vieillir, confortablement assis dans une chaise berceuse à regretter le fait de ne pas avoir vécu à la hauteur de mon plein potentiel.

> *«Nous n'avons pas besoin de plus de forces, d'habiletés ou d'une opportunité plus grande. Nous avons simplement besoin d'utiliser ce que nous avons.»*
> **– Basil S. Walsh**

Qu'en est-il de vous? Pouvez-vous vous regarder dans le miroir et dire honnêtement que vous vivez à la hauteur de votre plein potentiel?

Ou bien restreignez-vous votre potentiel en l'entravant... et nuisez-vous à la qualité de votre vie en n'étant pas tout ce que vous pouvez être?

Il est triste de constater que beaucoup trop de gens parmi nous *«ont oublié qui ils sont»*... et trop de gens *«représentent bien plus que ce qu'ils sont devenus.»*

Ne gaspillez votre vie!

Il ne s'agit pas ici d'une phrase bien tournée tirée d'un film d'animation. Tout ceci est bien réel. Ceci est sérieux! Il vous faut comprendre que la vie n'est pas une répétition générale!

Ça y est, mon ami – le spectacle commence!

Vous êtes en ondes... et vous êtes en direct.

Vous n'avez qu'une seule chance... ne gaspillez donc pas votre vie en offrant une performance hésitante et sans enthousiasme! Je vous en prie, ne gaspillez pas votre vie en plaçant une clôture autour de vous-même.

Tout comme le roi Mufasa a aidé son fils Simba à regarder en lui-même afin qu'il puisse aspirer à sa place légitime à titre de roi de Pridelands... j'espère sincèrement que pendant ce temps que nous avons passé ensemble, j'ai été capable de vous aider à regarder à l'intérieur de vous en faisant en sorte que votre esprit se soit ouvert... et que l'idée que vous vous faites de vous-même et de votre place dans ce monde connaisse enfin des horizons plus vastes.

Découvrez votre plein potentiel

Je vous mets au défi de regarder à l'intérieur de vous et de découvrir, une fois pour toutes, ce que vous pouvez devenir.

Car je crois sincèrement qu'une fois que vous aurez découvert la pleine valeur de votre entreprise *VOUS INC.*, vous deviendrez non seulement ce que vous étiez censé devenir... vous deviendrez également *bien plus que tout ce que vous avez rêvé dans votre vie!*

CHEZ LE MÊME ÉDITEUR:

De l'échec au succès, *Frank Bettger*

De la part d'un ami, *Anthony Robbins*

Dépassement total, *Zig Ziglar*

Destin: Sérénité, *Claude Norman Forest*

Développez habilement vos relations humaines, *Leslie T. Giblin*

Développez votre confiance et votre puissance avec les gens, *Leslie T. Giblin*

Développez votre leadership, *John C. Maxwell*

Devenez la personne que vous rêvez d'être, *Robert H. Schuller*

Devenez influent, neuf lois pour vous mettre en valeur, *Tony Zeiss*

Devenez une personne d'influence, *John C. Maxwell* et *Jim Dornan*

Devenir maître motivateur, *Mark Victor Hansen et Joe Batten*

Dites oui à votre potentiel, *Skip Ross*

Dix secrets du succès et de la paix intérieure (Les), *Wayne W. Dyer*

Dix commandements pour une vie meilleure, *Og Mandino*

Dix secrets du succès et de la paix intérieure, *Wayne W. Dyer*

École des affaires (L'), *Robert T. Kiyosaki et Sharon L. Lechter*

Elle et lui une union à protéger, *Willard F. Harley*

Empire de liberté (Un), *James W. Robinson*

En route vers la qualité totale par l'excellence de soi, *André Quéré*

En route vers le succès, *Rosaire Desrosby*

Enthousiasme fait la différence (L'), *Norman Vincent Peale*

Entre deux vies, *Joel L. Whitton et Joe Fisher*

Envol du fabuleux voyage (L'), *Louis A. Tartaglia*

Esprit qui anime les gagnants (L'), *Art Garner*

Eurêka! *Colin Turner*

Éveillez en vous le désir d'être libre, *Guy Finley*

Éveillez votre pouvoir intérieur, *Rex Johnson et David Swindley*

Évoluer vers le bonheur intérieur permanent, *Nicole Pépin*

Faites la paix avec vous-même, *Ruth Fishel*

Faites une différence, *Earl Woods et Shari Lesser Wenk*

Favorisez le leadership de vos enfants, *Robin S. Sharma*

Fonceur (Le), *Peter B. Kyne*

Gestion du temps (La), *Danielle DeGarie*

Guide de survie par l'estime de soi, *Aline Lévesque*

Hectares de diamants (Des), *Russell H. Conwell*

Homme est le reflet de ses pensées (L'), *James Allen*

Homme le plus riche de Babylone (L'), *George S. Clason*

Il faut le croire pour le voir, *Wayne W. Dyer*

Illusion de l'ego (L'), *Chuck Okerstrom*

Je vous défie! *William H. Danforth*

Journal d'un homme à succès, *Jim Paluch*

Joy, tout est possible! *Thierry Schneider*

Leader, avez-vous ce qu'il faut?, *John C. Maxwell*

Légende des manuscrits en or (La), *Glenn Bland*

Lever l'ancre pour mieux nourrir son corps, son cœur et son âme, *Marie-Lou et Claude*

Livre des secrets (Le), *Robert J. Petro* et *Therese A. Finch*

Lois dynamiques de la prospérité (Les), *Catherine Ponder*

Magie de penser succès (La), *David J. Schwartz*

Magie de s'autodiriger (La), *David J. Schwartz*

Magie de voir grand (La), *David J. Schwartz*

Maître (Le), *Og Mandino*

Marketing de réseaux, un mode de vie (Le), *Janusz Szajna*

Meilleure façon de vivre (Une), *Og Mandino*

Même les aigles ont besoin d'une poussée, *David McNally*

Mémorandum de Dieu (Le), *Og Mandino*

Mes valeurs, mon temps, ma vie! *Hyrum W. Smith*

Moine qui vend sa Ferrari (Le), *Robin S. Sharma*

Moments d'inspiration, *Patrick Leroux*

Momentum, votre essor vers la réussite, *Roger Fritz*

Napoleon Hill et l'attitude mentale positive, *Michael J. Ritt*

Naufrage intérieur, le vrai Titanic, *Richard Durand*

Né pour gagner, *Lewis Timberlake et Marietta Reed*

Noni, cet étonnant guérisseur de la nature (Le), *Neil Solomon*

Nous: Un chemin à deux, *Marc Gervais*

Objectif: Réussir sa vie et dans la vie! *Richard Durand*

Oser... L'amour dans tous ses états! *Pierrette Dotrice*

Osez Gagner, *Mark Victor Hansen et Jack Canfield*

Ouverture du cœur, les principes spirituels de l'amour (L'), *Marc Fisher*

Ouvrez votre esprit pour recevoir, *Catherine Ponder*

Ouvrez-vous à la prospérité, *Catherine Ponder*

Paradigmes (Les), *Joel A. Baker*

Pardon, guide pour la guérison de l'âme (Le), *Marie-Lou et Claude*

Parfum d'amour, *Agathe Bernier*

Pensée positive (La), *Norman Vincent Peale*

Pensez du bien de vous-même, *Ruth Fishel*

Pensez en gagnant! *Walter Doyle Staples*

Père riche, père pauvre, *Robert T. Kiyosaki et Sharon L. Lechter*

Père riche, père pauvre (la suite), *Robert T. Kiyosaki et Sharon L. Lechter*

Périple vers la paix intérieure, le chemin de l'amour, *Marie-Lou et Claude*

Performance maximum, *Zig Ziglar*

Personnalité plus, *Florence Littauer*

Plaisir de réussir sa vie (Le), *Marguerite Wolfe*

Plus grand miracle du monde (Le), *Og Mandino*

Plus grand mystère du monde (Le), *Og Mandino*

Plus grand secret du monde (Le), *Og Mandino*

Plus grand succès du monde (Le), *Og Mandino*

Plus grand vendeur du monde (Le), *Og Mandino*

Plus grands coachs de vente du monde (Les), *Robert Nelson*

Pour le cœur et l'esprit, *Patrick Leroux*

Pourquoi se contenter de la moyenne quand on peut exceller?, *John L. Mason*

Pouvoir de la pensée positive (Le), *Eric Fellman*

Pouvoir de la persuasion (Le), *Napoleon Hill*

Pouvoir de vendre (Le), *José Silva et Ed Bernd fils*

Pouvoir magique des relations d'affaires (Le), *Timothy L. Templeton et Lynda Rutledge Stephenson*

Pouvoir triomphant de l'amour (Le), *Catherine Ponder*

Prenez du temps pour vous-même, *Ruth Fishel*

Prenez rendez-vous avec vous-même, *Ruth Fishel*

Prenez de l'altitude. Ayez la bonne attitude!, *Pat Mesiti*

Progresser à pas de géant, *Anthony Robbins*

Provoquez le leadership, *John C. Maxwell*

Puissance d'une vision (La), *Kevin McCarthy*

Quand on veut, on peut! *Norman Vincent Peale*

Que faire en attendant le psy? *Murray Banks*

Qui va pleurer... quand vous mourrez? *Robin S. Sharma*

Réincarnation: il faut s'informer (La), *Joe Fisher*

Relations efficaces pour un leadership efficace, *John C. Maxwell*

Relations humaines, secret de la réussite (Les), *Elmer Wheeler*

Renaissance, retrouver l'équilibre intérieur (La), *Marc Gervais*

Rendez-vous au sommet, *Zig Ziglar*

Retour du chiffonnier (Le), *Og Mandino*

Réussir à tout prix, *Elmer Wheeler*

Réussir grâce à la confiance en soi, *Beverly Nadler*

Rêves d'amour (Les), *Nicole Gratton*

Roue de la sagesse (La), *Angelika Clubb*

Route de la vie (La), *Carolle Anne Dessureault*

Sagesse du moine qui vendit sa Ferrari (La), *Robin S. Sharma*

S'aimer soi-même, *Robert H. Schuller*

Saisons du succès (Les), *Denis Waitley*

Sans peur et sans relâche, *Joe Tye*

Savoir vivre, *Lucien Auger*

Se connaître et mieux vivre, *Monique Lussier*

Secret d'un homme riche (Le), *Ken Roberts*

Secret est dans le plaisir (Le), *Marguerite Wolfe*

Secrets de la confiance en soi (Les), *Robert Anthony*

Secrets d'une communication réussie (Les), *Larry King et Bill Gilbert*

Secrets d'une vie magique, *Pat Williams*

Semainier du Succès (Le), *éditions Un monde différent ltée*

Sommeil idéal, guide pour bien dormir et vaincre l'insomnie (Le), *Nicole Gratton*

S.O.S. à l'amour, *Willard F. Harley, fils*

Souriez à la vie, *Zig Ziglar*

Sports versus affaires, *Don Shula et Ken Blanchard*

Stratégies de prospérité, *Jim Rohn*

Stratégies du Fonceur (Les), *Danielle DeGarie*

Stratégies pour communiquer efficacement, *Vera N. Held*

Stress: Lâchez prise! (Le), *Guy Finley*

Succès d'après la méthode de Glenn Bland (Le), *Glenn Bland*

Succès n'est pas le fruit du hasard (Le), *Tommy Newberry*

Technologie mentale, un logiciel pour votre cerveau (La), *Barbara Berger*

Télépsychique (La), *Joseph Murphy*

Testament du Millionnaire (Le), *Marc Fisher*

Tiger Woods: La griffe d'un champion, *Earl Woods et Pete McDaniel*

Tout est dans l'attitude, *Jeff Keller*

Tout est possible, *Robert H. Schuller*

Un, *Richard Bach*

Une révolution appelée noni, *Rita Elkins*

Vaincre l'adversité, *John C. Maxwell*

Vaincre les obstacles de la vie, *Gerry Robert*

Vente: Étape par étape (La), *Frank Bettger*

Vente: Une excellente façon de s'enrichir (La), *Joe Gandolfo*

Vie est magnifique (La), *Charlie « T. » Jones*

Vie est un rêve (La), *Marc Fisher*

Visez la victoire, *Lanny Bassham*

Vivre au cœur de la tornade, *Diane Desaulniers et Esther Matte*

Vivre Grand: développez votre confiance jusqu'à l'audace, *Thierry Schneider*

Vivre sa vie autrement, *Eva Arcadie*

Votre force intérieure = T.N.T, *Claude M. Bristol et Harold Sherman*

Votre liberté financière grâce au marketing par réseaux, *André Blanchard*

Vous êtes unique, ne devenez pas une copie!, *John L. Mason*

Vous inc., découvrez le P.-D. G. en vous, *Burke Hedges*

Voyage au cœur de soi, *Marie-Lou et Claude*

Liste des cassettes audio:

Après la pluie, le beau temps!, *Robert H. Schuller*

Arrêtez d'avoir peur et croyez au succès!, *Jean-Guy Leboeuf*

Assurez-vous de gagner, *Denis Waitley*

Atteindre votre plein potentiel, *Norman Vincent Peale*

Attitude d'un gagnant, *Denis Waitley*

Comment attirer l'argent, *Joseph Murphy*

Comment contrôler votre temps et votre vie, *Alan Lakein*

Comment se fixer des buts et les atteindre, *Jack E. Addington*

Communiquer: Un art qui s'apprend, *Lise Langevin Hogue*

Créez l'abondance, *Deepak Chopra*

De l'échec au succès, *Frank Bettger*

Dites oui à votre potentiel, *Skip Ross*

Dix commandements pour une vie meilleure, *Og Mandino*

Fortune à votre portée (La), *Russell H. Conwell*

Homme est le reflet de ses pensées (L'), *James Allen*

Intelligence émotionnelle (L'), *Daniel Goleman*

Je vous défie! *William H. Danforth*

Lâchez prise! *Guy Finley*

Lois dynamiques de la prospérité (Les), (2 parties) *Catherine Ponder*

Magie de croire (La), *Claude M. Bristol*

Magie de penser succès (La), *David J. Schwartz*

Magie de voir grand (La), *David J. Schwartz*

Maigrir par autosuggestion, *Brigitte Thériault*

Mémorandum de Dieu (Le), *Og Mandino*

Menez la parade! *John Haggai*

Pensez en gagnant! *Walter Doyle Staples*

Performance maximum, *Zig Ziglar*

Plus grand vendeur du monde (Le), (2 parties) *Og Mandino*

Pouvoir de l'optimisme (Le), *Alan Loy McGinnis*

Psychocybernétique (La), *Maxwell Maltz*

Puissance de votre subconscient (La), (2 parties) *Joseph Murphy*

Réfléchissez et devenez riche, *Napoleon Hill*

Rendez-vous au sommet, *Zig Ziglar*

Réussir grâce à la confiance en soi, *Beverly Nadler*

Secret de la vie plus facile (Le), *Brigitte Thériault*

Secrets pour conclure la vente (Les), *Zig Ziglar*

Se guérir soi-même, *Brigitte Thériault*

Sept Lois spirituelles du succès (Les), *Deepak Chopra*

Votre plus grand pouvoir, *J. Martin Kohe*

Liste du disque compact:

Mémorandum de Dieu (Le), (deux versions: Roland Chenail et Pierre Chagnon), *Og Mandino*

En vente chez votre libraire ou à la maison d'édition
Prix sujets à changement sans préavis

Si vous désirez obtenir le catalogue de nos parutions,
il vous suffit de nous écrire à l'adresse suivante:
Les éditions Un monde différent ltée
3925, Grande-Allée
Saint-Hubert (Québec), Canada J4T 2V8
ou de composer le (450) 656-2660 ou le téléco. (450) 445-9098
Site Internet: *http://www.umd.ca*
Courriel: *info@umd.ca*

☐ Oui, faites-moi parvenir
le catalogue de vos
publications et les
informations sur vos
nouveautés

☐ Non, je ne désire pas
recevoir votre catalogue
mais seulement les
informations sur vos
nouveautés

OFFRE D'UN CATALOGUE GRATUIT

Nom : _____

Profession : _____

Compagnie : _____

Adresse : _____

Ville : _____ Province : _____

Cose postal : _____

Téléphone : (___) _____ Télécopieur : (___) _____

DÉCOUPEZ ET POSTEZ À :

Les éditions Un monde différent ltée
3925, Grande-Allée, Saint-Hubert,
Québec, Canada   J4T 2V8
Tél. : (450) 656-2660
Téléc. : (450) 445-9098
Site Internet : http://www.umd.ca
Courriel : info@umd.ca